梁亦鴻／著

圖解

收被
入動

3天搞懂

解如
鎖何

靈活規劃理財藍圖、善
用投資工具，創造穩健
的被動收入來源，提早
財務自由！

ETF

財富自由

梁老師帶你輕鬆解鎖被動收入

　　近年來，薪資成長幅度普遍趕不上通貨膨脹的速度，導致許多人有資產縮水的明顯感受之外；再加上社群媒體、網紅們對於提早退休、財務自由等觀念的提倡與力行，讓許多中產一族、小資男女們，對於在固定的薪資之外，如何擁有穩定的「被動收入」，可以協助自己儘早完成各階段財務目標的「投資祕笈」，開始產生了興趣。

　　然而，要如何找到這一「投資祕笈」、解鎖「被動收入」呢？關鍵點在於，資金如何布局、資產如何配置。特別是大多數的上班族，可能剛脫離「月光族」或者「星光幫」，存款還少得可以，是要如何能夠「小資搏大利」呢？

　　其實，不管你現在只是先存下 1000 元、還是 3000 元（先「存富」），重點在於，是不是可以讓自己從好好「運用」這筆小錢開始、再把這筆錢「配置」到更有效率的用途上，然後讓這筆小錢逐步變成大錢（再「創富」）。當擁有穩健的現金流以及被動收入之後，就可以進一步地考慮到，該當如何讓這些被動收入能夠細水長流的世代交替，讓家人也可以共享你擘畫好的理財藍圖（「守富」、「傳富」），一起財務自由、過上如意的生活。

　　基於此，為了協助投資朋友們可以有系統地從理財觀念的學習、再到投資工具的應用，進而可以解鎖如何獲得足夠多的被動收入，達到財務自由，除了有以往已經出版的「3 天投資理財系列」可以做為參考書籍之外，出版社跟我，還為讀者們規畫出版這本專書。而盤點既有書系當中，「3 天搞懂資產配置」一書，其題旨及內容與如何解鎖被動收入、幫自己賺到人生各階段財務目標所需要的資金，實是息息相關；因此，趁著書籍需要改版之際，重新整編內容，希望這番脫胎換骨，可以為讀者朋友們在管理財富的作為上，增添助力！

　　在這本書中，我們會先說明理財各個階段的特色，讓讀者們可以更有底氣的為自己量身打造、獲得足夠被動收入的方案。首先，基於有「財」才可以「理」的邏輯，因此，有些謙稱「月光族」的朋友，就需要知道如何從存下第一筆小錢的「存富」開始；接著，

再來學習如何將這筆小錢，有效地投入金融商品或者投資工具，進而變成大錢的「創富」階段。而一旦你經營有成、有一些資產了，再來學習如何守住財富（「守富」）、進而可以讓這些財富「富過三代」，傳承給你心愛的人（簡稱「傳富」階段）。

延續「3天系列」的書寫宗旨，本書內容除了會有實用理財觀念的說明、以及釋例（例如學會如何幫自己編列預算、製作專屬於自己的資產負債表，以及收入支出狀況變動表等）之外，最重要的，就是會有很多的實作篇章要告訴讀者：如何善用現在金融市場上常見的理財工具，為自己開啟被動收入、幫人生各階段財務目標所需要的資金添磚加瓦，以及守住財富的方法。這些理財工具，有大家熟悉的股票、基金以及這幾年很夯的 ETF，本書會提供如何將這些工具靈活混搭運用的策略。另外，當許多的「AI 概念股」股價讓人驚豔再三之後，資金布局也應該國際化。那麼，以外幣計價的資產，又該如何有效率的配置，讓被動收入的來源也可以全球化呢？諸如此類投資朋友們會關心的議題，都可以在本書找到答案。

有句話說：「不夠富有的人誰都相信，就是不肯相信自己。」因此，雖然大多數的投資朋友，都寄望於能夠有足夠多的被動收入，讓自己儘早財務自由；可是談到理財，卻總是想要依賴理財專員幫你挑基金；也會希望營業員可以跟你報明牌；還期待著保險業務員告訴你買了這個險種之後，此生就會萬無一失、永保安康！可是，你的這些金融顧問們，並不清楚你明年就打算結婚，所以不應該把錢放在六年之後領回、才不會有虧損的金融商品上。你的金融顧問也許也不知道，之前你花 10 萬元買的基金，在贖回之後，雖然只虧了 5000 元，但就已經讓你揪著心扯著肺、輾轉難眠好幾夜；現在，竟然建議你只要花 5000 元買進權證，等著「翻倍賺」，卻慘遇短線急跌數千點，最後吃下「歸零膏」，讓你又陷入糾結，只想把錢鎖進定存！可是你也明白，這樣只會讓通膨慢慢吃掉自己省吃儉用辛苦錢的購買力而已！

如果你也覺得，解鎖被動收入，還是自己最可靠！那麼，你要不要從現在開始，每天撥點時間來試試看，你自己的資產要如何有效率地操作與配置，才能夠讓自己的每天、每個星期、每個月、每一年都可以過得更好？這麼一來，什麼「薪酸」、什麼「年改」，都只是你精彩人生中的一小段插曲罷了，因為被動收入的這道門的鑰匙，你已經拿在手中了！

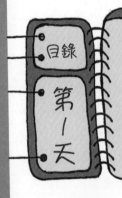

解鎖被動收入第一步，
學會資金布局、做好資產配置

累積小確幸，從理財規劃開始

管好現金，讓小資變大利

第 **3** 小時 踏上財富管理之路前，先繫上安全帶

第 **4** 小時 設定財務目標，掌握基本數據，讓各項目標切實可行！

「第一次就上手」專欄

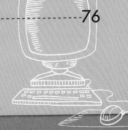

目錄

第2天

解鎖被動收入第二步——資產配置的步驟

第1小時　盤點現有資源、系統化編表，讓數字告訴你理財的效益！

第2小時　混搭執行方法，達成各階段的財務規劃

 第**3**小時 照本宣科，不必擔心遇到經濟亂流

 第**4**小時 投資組合管理

「第一次就上手」專欄

解鎖被動收入——
常見投資工具的應用

短線賺價差，長線賺股利

搭配人生各階段的基金賺錢策略

第3小時　用 ETF 賺遍全世界，資產配置新選擇！

第4小時　攻守兼備，外幣資產這樣配

「第一次就上手」專欄

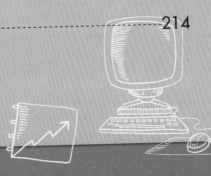

第1天
課程開始！

第1天

解鎖被動收入第一步，
學會資金布局、做好資產配置

看過本書，不僅可以提升讀者的理財知識力，還可以學會如何自己DIY，架構一個可以提高被動收入的資產配置規劃。

很多人都以為只要把錢分配在股票或債券，接著長期投資，就可以等著被動收入上門了。可是當面對著國際間有更多的不確定性因素相互干擾著、還有市場上黑天鵝滿天飛的此際，只是把錢放在金融市場，難保財產不會縮水。想要學習投資理財，就不能夠不明白如何正確的分配資金，做好資產配置！

 第1小時　累積小確幸，從理財規劃開始

 第2小時　管好現金，讓小資變大利

 第3小時　踏上財富管理之前，先繫上安全帶

 第4小時　設定財務目標、掌握基本數據，
　　　　　　　　　讓各項目標切實可行

累積小確幸，
從理財規劃開始

隨著干擾市場的因素愈來愈多，再加上主要國家領導者之領導風格愈來愈不可測，要預測市場走勢是更加難了；而為了保護自己的資產，能夠持盈保泰，那就一定要學會資產配置、理財規劃。

- 理財規劃就是有效率地分配自己的有限財產
- 機械式掌握時機，及時動態調整資產配置
- 保命錢優先，創富錢緊追其後
- 靈活轉換股債配置、降低風險的「向日葵投資法」

理財規劃並不難，就是有效率地分配自己有限的財產

Q 大家都在談理財規劃提高被動收入……需要花時間去學這些嗎？

A 歷經金融海嘯、新冠肺炎疫情的滋擾，讓經濟曾經蕭條；也經歷過美國 2022 年引領全球的暴力升息、臺灣 2024 年 AI 風潮帶動的股市飆向 24000 點、台積電大象跳舞股價站上千元的榮景。即便知道景氣有起有落，但是，面對著薪水增幅不如預期、物價頻頻上漲，卻讓人感到錢怎麼都不夠用……。

在物價上漲速度高於薪資成長幅度的此際，很多人都有相對變貧窮的感覺。更何況，重大的年金改革議案未來只會越頻繁提出，不管最後塵埃落定的是哪一種版本，可以確定的是，未來大部分人所適用的社會保險的費率都會提高，可是未來能夠領到的退休金，卻未必會比較多，更何況還可能延後領！於是，很多人都開始覺悟了——小確幸要靠自己、退休金的籌措，更要靠自己！

可是問題是，要怎麼靠自己呢？

答案就是靠著年輕的自己存錢，養活未來的自己！

但是，生吃都不夠了，哪還能夠拿來曝乾（留著未來吃）？

如果光靠薪水並沒有辦法應付你的現實與夢想的各項開銷，有沒有什麼辦法可以改善呢？

大家想得到的，應該就是開源與節流。開源是主動積極的做法；可是，兼職的工作機會好找嗎？退而求其次，那就節省不必要的開銷；但是，再怎麼節省總是有限！那些有限的小額款項，可能只夠追求小確幸了……既然如此，有沒有可以集小利變成大利進而提高被動收入的方法呢？

俗話說，人有兩隻腳，錢有四隻腳；難怪人要追錢，不僅追得累，也很難追得上！

那麼，你試過用錢來追錢嗎？

所謂的錢追錢，就是一般人常掛在嘴邊的理財或是財富管理中的一部分。因此，要讓自己可以有足夠多的資源，去兼顧自己各方面的現實與夢想，就要提升本身的理財知識力，讓自己的錢去追錢，而不是讓人去追錢，那樣既沒有效率，也可能疲於奔命。因此，在工作之餘，先投資自己，學會理財、管理自己的財富，就成為現代人的必修學分之一。

Ｑ 可是，常有人認為，沒有財富怎麼理？理財或者財富管理不是「好野人」（有錢人）的專利嗎？

Ａ 有錢人因為財富來源多樣化，包括動產、不動產；包括實體資產，也包括金融資產。因此，的確需要投注更多的精神心力去管理自己的財富，才能守住財富，進而讓財富「長大」。但是，小資男女們因為財富相對比較少，是不是更應該多提昇一些理財知識力，藉由這些理財知識力，也讓自己的財富能夠跟著成長呢？曾經有專家學者大聲疾呼：昔日的中產階級如果沒有妥善地做好理財規劃，將很有可能淪為新貧階級！換句話說，新時代的財富管理，不僅不限於所謂的高資產人士，中產階級也需要理財規劃，小資男女們更需要靠理財規劃脫貧，完成財務目標。

Ｑ 理財規劃這麼重要，那要從哪裡開始學習理財呢？

Ａ 對於所謂幸福的日子、快樂的生活，每個人的夢想或者規格都不一樣；然而不管是粗茶淡飯或是錦衣玉食，最顯著的差別，可能在於所需要資金的多寡。大家都知道：錢雖然不是萬能，可是沒有錢卻是萬萬不能！因此，在懷著夢想、享受衣食無虞生活的同時，是不是也該關心一下自己的財富——讓它漸漸地增長；讓現在的自己為將來的自己，打造一張富足的財富藍圖？既然是這樣，那麼，要如何為自己量身打造理財規劃提高被動收入呢？

　　簡單地說，管理自己的財富是需要經過這四個階段的：首先，是從無到有，存下第一筆資金的過程，簡稱為「存富」。而當有第一筆資金——注意喔，是第一筆「資金」，可不是「第一桶金」（泛指100萬）喔——之後，就要學會如何讓自己的這筆小錢變成大錢，那麼，你就要學會如何找到適當的投資工具或者金融商品，讓你的錢變大，創造更多的財富——這就簡稱為「創富」。等到你已經很有錢了，你就要考量如何把財富牢牢守住，讓富能夠過三代——這個階

段，可以簡稱為「守富」。守住財富之後，接著就要想想看，如何將財富傳承給你自己想要給的人，而不是要讓國稅局成為你最大的繼承人──不要忘了，遺產跟贈與稅率，又翻倍調升了！這個階段，我們稱為「傳富」。有了這些說明，我們也可以知道，其實投資跟理財是兩個不同的概念；投資，只不過是屬於理財其中的一個階段而已

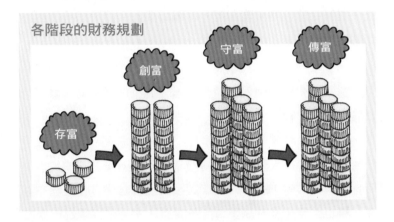

各階段的財務規劃

存富　創富　守富　傳富

Q 所以，財富管理是需要分階段陸續完成的？

A 沒錯，管理財富是一個持續積累、學以致富的過程，是一個需要從起心動念到執行計畫，一步一步長期學習、經營、修正、進而達成目標的歷程；其中最重要的關鍵在於「經營」。因為無論具備多少觀念知識，沒有實際的操作、執行與經營，就無法顯現付諸實踐的成果與效益。有了成果之後，才可能進一步地檢討與修正，最後達成你既定的目標。

　　在經過了實際執行初步的財富規劃方案之後，經驗告訴我們，計畫趕不上變化，面對黑天鵝事件頻傳、干擾市況層出不窮的此際，就算你已經殫心竭慮、面面俱到地製作出一份號稱完美的理財規劃了，可是，當突如其來的意外又扭轉了金融情勢時，你的情緒還是會受到影響，可能還會手足無措；這時候，你必須要有能力能夠把之前的規劃做些調整，以期能夠如期達成目標。這就好比掌舵的船長，因應颱風來

襲，需要調整方向，順風駛帆，才能讓整艘船安全地航向目的地一樣。因此，除了周詳的規劃之外，還需要定期的檢視、評估加上不斷修正之後，才能夠更貼近於我們的財務目標；是以，如果能夠搭配主客觀的景氣循環，以及個人不同生涯規劃的改變，並加以因應調整，相信這個量身打造的財富規劃藍圖，一定會讓生命更精采。而要如何搭配經濟週期的變化，進行動態性的資產配置，這就需要配合對於金融時勢與商品的瞭解了。

Ⓠ 通常發生哪些情況的時候，需要調整理財規劃、修正自己的資產配置呢？

Ⓐ 人生總會遭遇一些意外事件，讓自己驚喜、驚奇、甚至於驚訝。如果在人生的各個階段當中，有出現以下的幾種情形時，請務必停下腳步，重新調整自己的財務目標、盤點資源、擬定策略、重新調整資產配置等，才不至於讓自己偏離軌道、背離事實，最終只是做了虛功而已。一般有以下情形發生時，就必須要進一步地追蹤及調整了：

☆ 生涯出現轉折、財務目標改變時：比如原本抱持獨身主義，只想當個獨身貴族，卻在驀然回首時，出現了真命天子（女）。原本只是想兩個人天長地久，當個頂客族（DINK，double income no kids）就好，卻突如其來出現了第三者（小孩）……這些美好的意外固然讓人驚喜，可是，也多出了甜蜜的負荷。因此，你原先的理財規劃當中，必須要調整的方向就有：

❶ 支出增加：包含生活開銷、保險費（因為需要強化保障）、子女教養費等。

❷ 財務目標改變：原本只想買小車，現在興起要買房買大車的念頭；原本只打算租房子、甚至於買小套房就可以，現在要三房兩廳而且還要含車位的房子；未來退休時間

是否被迫提前……等。

❸ 或者是突如其來的意外，例如夫妻無法白頭到老，或離異、或喪偶，又變回單身或單親家庭，整個財務規劃自然也得因應改變，重新擬出新的方案，展開全新的人生。

⭐ 風險承受程度及現金流量改變時：風險承受程度可能會因為資產的變化、年齡的增加、職務的調整、生活條件等而改變，因此也會影響執行計畫當中的資產配置。特別是如果外在的經濟環境變化太過迅速，在財富目標業已設定的狀況下，如果資產配置方案的波動幅度太大，那麼目標能夠確實完成的機率便相對降低；因此，我們也必須隨著各項目標所設定的時間，動態調整資產配置的比例。至於自己的風險承受度如何？可以參考本章節之後附加的風險屬性量表，得出初步的結論。

Ⓠ 在動態調整資產配置的比例過程當中，需要特別注意哪些地方？

Ⓐ 除了前面提到的，要因應市況、及時調整之外，可以注意的大方向還有以下兩點：

首先要注意的是，你的現金流量是否改變：例如，因為新成員的加入，造成開銷變多；或者因為職務上的調整，原本的加班費或者職務加給沒有了，使得每一期可儲蓄的金額低於原先預期的水準？如此一來，可以用來放大財富、創造財富的資金也變少了，自然而然，你的獲利總金額可能也會跟著變少。如此一來，會不會影響到你下一個階段的資金運用呢？如果答案是肯定的，那麼你就應該要定下心來，重新審視一下你原先的資產配置、重新布局你的標的了。

其次是，投資績效是否嚴重低於預期水準：定期審視擬定投資組合的績效是必須的；確實地執行停利停損，也是持盈保泰必要的作為。一旦你原先的投資組合績效報酬低於你的預期水準時，這時你就必須採取下列的因應步驟：

❶ 隨市場的投資氛圍順勢機動調整。

❷ 按照原先的步調，定期調整以符合原先設定之風險目標或者資產配置比率。特別是當你的投資組合已經累積跌幅達到一定的程度，或者虧損持續擴大、讓你難以承受；甚或已經出現資金壓力、讓你的現有部位波動太大，導致你輾轉反側、難以成眠時，都是調整方案的時機。投資朋友絕對不可以輕忽這些警訊，以免讓自己的虧損日益擴大，終致無法收拾，反而離目標愈來愈遠。2011 年 4 月 29 日在高檔買進宏達電卻沒有設定停損點的人，感受應該會是特別深刻的。

滄海變桑田，難道你還不想調整？

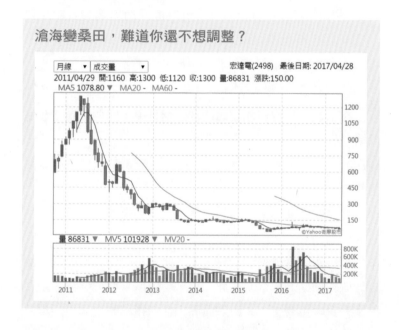

機械式掌握時機，及時動態調整資產配置

Ｑ **有沒有什麼機械式的做法，可以提醒我們不要錯過時機檢視自己的財務規劃，更新該有的資產配置或投資組合呢？**

Ａ 沒有在適當時機做出因應的決策，讓自己的理財規劃因應市況或是自己主客觀條件的改變而同步更新，因而失去了

先機，甚而造成遺憾，是很多人都「曾經」想要解決的問題；只不過大多數的人，可能因為花比較多的時間在關心臉書或是 LINE 朋友圈裡的大小事，因而疏忽了關心自己的未來。又或者以為，這應該是理財專員會告訴你的事，因而沒有在恰當的時間點調整自己的規劃，等到時間一過，回頭一看，才驚覺時不我與。

為了避免漠視上述警訊發生，或者太慢提出因應方案，建議投資朋友可以在更新自己的臉書動態時（例如，若是更新成「穩定交往中」，代表責任可能要加重了，那麼是不是要開始積極地準備多存一點錢？接下來，就要想到如何將這筆錢放大，找尋適合自己的投資標的、架構新的投資組合？），重新檢視自己的資產配置。如果是順風駛帆地過日子，那麼也可以設定「每半年」檢視一次規劃內容，看看半年前規劃的目標項目、所需要的投入金額或者是預定達成的時間點是否有所變更。再者，也可以趁著政府或者國際之間有重大的政經變化時，進一步地主動做一次資產再平衡。相信在持盈保泰的邏輯之下，一定可以逐步完成你的財富管理規劃藍圖的。

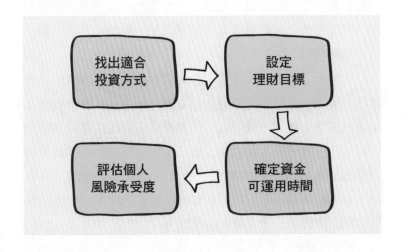

保命錢優先，創富錢緊追其後

Q **在做理財規劃時，對於資金安排，有沒有特別需要注意的？**

A 不管是已經在社會打拚很久的中產階級也好，或者是剛踏出校門的小資族也好，都會面對資金相對有限的情況；因此，如何善用每一分、每一毫的資金，去創造最高的收益，那就很重要了！可不要以為少少的錢不需要規劃；就是因為可運用的資金很少，更應該要斤斤計較，把錢花在刀口上，創造更高的效益。因此，建議讀者可以先將自己目前可以掌握的錢，分成兩大部分，一部分是緊急預備金，這部分的錢是為了因應緊急狀況而保留下來的「保命錢」，是不能任意動用的；扣除掉這部分的緊急預備金，才是可以用來讓小錢變大、創造財富的資金。關於現金部位如何管理與運用，我們會在之後的單元做專章介紹。

Q **扣掉保命錢之後，是不是就可以開始積極準備大展身手、創造財富了？**

A 想要擁有穩健的現金流，就需要做好資產配置：因為資產配置最主要的目的是分散風險，並在此前提下追求最大報酬。因此，接下來投資朋友要考慮的是，你想要孤注一擲，還是要穩穩賺？

比方說，基金是許多投資朋友都會接觸到的金融商品，也是很多朋友必備的投資組合基本款。可是，有些投資觀念卻是值得我們提出來探討的。例如投資朋友往往會以為基金已經是「風險分散」的投資工具了，所以不需要再考慮所謂資產配置的做法，或者是應該要有投資組合的概念。事實上，資產配置最主要的目的在於分散投資風險，並在這個分散風險的前提下，追求最大的報酬。

因此，我們在投資基金時，又該要如何進行「資產配置」呢？首先，在進行資產配置之前，投資朋友一定要先清楚自

己的「理財目標」以及「投資需求」是什麼。

　　換句話說，投資朋友應該要先清楚定位自己的投資屬性，到底是屬於「積極成長」、「穩健」或是「保守」型？而且要很清楚地釐清自己可以投資的期間有多麼長？可投資的總金額又有多少？以及，如果想達成自己既定的某個理財目標（例如想要買車或有買房的頭期款）下，期待的投資報酬率又是多少？

　　有了這些基本的考量之後，再來想，我應該怎麼安排現有的資金，去完成前面設定好的各項財務目標呢？

　　接著，就需要按照前面的需求定位，將各人的投資部位（也就是資金的多寡），區分為「核心投資」和「衛星投資」兩大塊。一般來說，如果被規劃成為「長期投資」、而且是相對低風險、報酬穩定的標的，就應該要被列入「核心」資產配置中；至於想要因應市況，做些「短線操作」，而且相對報酬和風險較高的標的，那麼就比較適合列入「衛星」的資產配置了。

投資定位＋需求定位

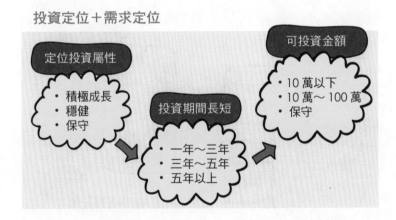

定位投資屬性
・積極成長
・穩健
・保守

投資期間長短
・一年～三年
・三年～五年
・五年以上

可投資金額
・10萬以下
・10萬～100萬
・保守

Q 那麼，應該要怎麼做核心資產配置和衛星資產配置呢？

A 一般來說，如果是投資期間相對較長、或者是不能承受太高風險的「穩健型」報酬投資標的（例如基金標的是被列

為 RR1 ～ RR2 等級者），那麼多半應該被列入「核心資產配置」的組合之中。如果是投資期間相對較短、風險波動性且預期報酬率也較高的投資標的（例如基金標的是被列為 RR4 ～ RR5 等級者），就應該被列入「衛星資產配置」的範圍中。

由於核心資產所含括的範圍較大、衛星資產的範圍較窄，就好像是花心跟花瓣一樣，因此，也有人將這種資產配置方式，稱作「向日葵投資術」，並將這種原理運用在投資基金的方法上。其中向日葵的「花心」，也就是被列入「核心資產」部分；這部分的資金應該要如何挑選呢？可以挑選波動率相對較低、具穩定的收益，或者是有穩健成長特質的組合內容。至於「花瓣」部分的「衛星資產」，則可以挑選波動率、機動性都較高，隨著市場上時機的變化做波段操作；甚至於可以在個人承擔風險偏好度高低的時刻，機動調整組合內容。理論上，一朵花的花蕊只有一個，花瓣卻可以彈性調整及無限延伸。

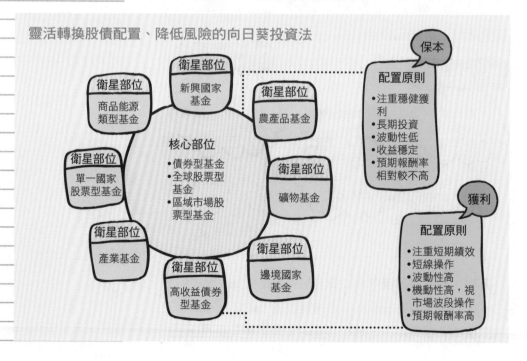

靈活轉換股債配置、降低風險的向日葵投資法

衛星部位
新興國家基金

衛星部位
商品能源類型基金

衛星部位
農產品基金

保本

配置原則
• 注重穩健獲利
• 長期投資
• 波動性低
• 收益穩定
• 預期報酬率相對較不高

核心部位
• 債券型基金
• 全球股票型基金
• 區域市場股票型基金

衛星部位
單一國家股票型基金

衛星部位
礦物基金

衛星部位
產業基金

衛星部位
高收益債券型基金

衛星部位
邊境國家基金

獲利

配置原則
• 注重短期績效
• 短線操作
• 波動性高
• 機動性高，視市場波段操作
• 預期報酬率高

Q **在核心資產配置和衛星資產配置的比重應該要怎麼調配較好呢？**

A 在向日葵投資法中，建議核心資產的配比應該要占有總資產的一半以上，而且隨著年齡的增長，比例應該要更高；而且投資期間也要比較長，以便達到「持續穩定累積財富」的目的。至於組合標的應該要怎麼選？建議可以債券型基金等固定收益商品為主；也可以是風險相對較低的全球或區域市場股票型基金的標的。

至於衛星資產部分，大約可以占總資產的 10% 至 70%（就算年紀再輕的小資男女上班族，也不建議超過七成），投資期間也較短（也就是三至五年，甚至是一年以內的中短期投資）。其配置內容也許是單一國家股票型基金，或者是隨這市況波動比較大的商品能源類型的單一產業型基金。這些類型的基金最大的特色是：就算這部分的投資組合在短期之間出現了虧損，也絕對不會動搖整體資產配置的根本、或者因而降低生活品質。

還要再提醒讀者朋友的事，因應不同風險偏好以及屬性的投資人，其核心與衛星基金的選擇也應該不一樣。例如保守型的投資人可以選七至八成的固定收益型基金，二至三成的高成長型基金；積極型的投資人，他的資產配置模組，可能是顛倒過來。至於小資男女，也可以參照底下這個基本的模式，配合自己的風險屬性作調整。相關的細節內容，我們在之後的章節，會有進一步地說明的。

不同風險偏好屬性投資人的資產配置

積極型投資人　固定收益型基金　高成長型基金

保守型投資人　高成長型基金　固定收益型基金

小資男女可以這樣配

投資風險屬性	資產分類及百分比		
	現金部位／緊急預備金	全球債券（基金）	全球股票（基金）
保守	10%	70%	20%
穩健	10%	45%	45%
積極	0	30%	70%

投資分類	投資工具
現金部位／緊急預備金	活期／定期存款、貨幣型基金
全球債券（基金）	債券型基金（政府公債、一般公司債）
全球股票（基金）	全球基金、區域型基金、產業型基金、單一國家基金、股票

※ 嚴設 20％－30％停利及 10％－20％停損點，並將獲利部分轉入穩健型資產投資。

心動也要行動！

今天是　　　年　　月　　日

我想投資的項目是　　　　　　　　　　，代號是

想買的原因是：

今天是　　　年　　月　　日

我想投資的項目是　　　　　　　　　　，代號是

想買的原因是：

管好現金，讓小資變大利

既然財富管理的第一個階段是要先「存富」，就是把錢先存下來，那麼，我們就先來瞭解錢的重要性，以及如何管好錢——講的有學問一點，就是「現金管理」。

單元重點

· 拒當「月光族」或「星光幫」，首先學會「現金管理」
· 從容不迫過日子，準備恰當數額的緊急預備金
· 選擇投資工具應重視「流動性」（或稱變現性）、「安全性」及「獲利性」

拒當「月光族」或「星光幫」，先學會「現金管理」

Q 現金也是一種資產，資產需要善加配置，那麼現金要如何管理呢？

A 我們常常聽到，「錢不是萬能，可是沒有錢卻是萬萬不能」；在經濟不景氣的時候，也有「現金為王」的說法。再加上大多數的人一輩子投入工作，用青春、用年華、用時間換取的，也是金錢；可見，金錢（現金）對於現代人來說，有多麼重要。

然而，現金固然重要，要想存到錢、進而有錢可以理財，似乎是一件不容易的事。因為在薪資倒退十多年的此際，很多年輕朋友沒有成為「月光族」（薪水在一個月內全花光）、或者淪為「星光幫」（薪水少得可憐，扣掉房租、水電費等必要支出之後，竟然就只夠一星期的開銷），就已經很好了；真正能夠在35歲前就存到第一桶金（第一個100萬）的人，據說只有二成左右！

然而事在人為。如果你是那種自我克制力薄弱，管不住自己消費欲望的人，建議你不要以「收入扣除掉支出，剩下來的錢就是儲蓄」當作你存錢的公式；應該把上面這個公式改成「收入扣除掉儲蓄，剩下來的錢，才是你的可支配所得」。也就是：

唯有這樣，你才能存得到錢。因此，理財的第一步，就是要能存下財富──簡稱「存富」。

Q 既然要有錢才能理，那麼「存富」有沒有什麼「撇步」呢？

A 要想存到第一筆錢，其實方法很簡單，只要到銀行多開一個帳戶就可以了（如果是在你的薪資轉帳同一家銀行另外開立一個帳戶，那麼操作起來會更方便）。接下來，當每個月發薪水的那天（可能是 5 日或者是 15 日），將你打算存下來的錢（即使是 2000 元或 3000 元都不要緊）先行扣下來，再轉到這個新開的帳戶，那麼薪資帳戶裡剩下來的錢，就是

你這個月可以花用的錢了。這個做法的好處是，你已經硬生生地先存下了一筆錢；剩下來的錢，就是你這個月可以自由支配的所得。

既然你在領薪水的當下，就馬上知道自己還剩下多少錢可以花用，在不寅吃卯糧、帳戶透支的情況之下，你可得精打細算，想想該如何好好運用剩下來的這筆錢了。於是，你不會毫無限制地去唱 KTV，或頻繁地上館子打牙祭；甚至於，你可能還會改掉隨手招小黃搭車的習慣，或是讓荷包不自覺就扁掉的「零食因子」！

 準備一個「儲蓄帳戶」，這個帳戶的錢只進不出。每個月發薪水的當天，先將預計存下來的金額轉到這個儲蓄帳戶，不能領出花用，藉此強迫自己儲蓄。

Ⓠ 存下來的 2000 元、3000 元，就一直放在銀行戶頭嗎？

Ⓐ 如果不善用現金，只是在賺到、存到之後，就只是把它放在銀行，那不僅不叫做理財，可能還會讓你的財愈理愈少，甚至於你還會後悔，怎麼當初不乾脆把錢花掉！這是因為，如果沒有好好管理現金的話，現金是會不斷地貶值的——也就是被通貨膨脹率吃掉了；換句話說，貨幣的購買力會隨著時間的經過而降低。我們就舉個實例子說明，為什麼沒有做好現金管理，就會讓你擁有的現金部位購買價值降低。

假設現在的一年期定存利率是 2%，你省吃儉用存了 100 元，把它存放在定存裡，一年到期之後，可以預期有 102 元的本金加利息（又稱為「本利和」）在你的帳戶裡。假設這一年當中，物價總共上漲了 5%。原先你是因為捨不得吃一碗 100 元的牛肉麵，才會有這 100 元省下來存放在定存，經過了一年，你才能夠有這 102 元的本利和。而當你滿心歡喜，做到了財富管理的第一步——存富——之後，結果卻發現牛肉麵早就漲價了，現在漲到一碗 105 元。雖然你

過得勤勞簡樸，但是，你把累積了一年的存款加上利息領出來之後，竟然買不到、吃不起一碗牛肉麵了！真是令人喪氣啊！不是說節儉是一種美德嗎？難道存錢竟然要受到這樣的懲罰嗎？現金是王不是王？早知如此，當初應該就把錢拿去吃牛肉麵，經濟學上提到的效用還高了一些……

 只是乖乖把現金放在銀行定存，不叫做「理財」，你的錢還會因為通貨膨脹的關係，價值變得愈來愈低！

聽起來很不可思議，可是在現實社會中，這樣的情形不斷地發生。我們可以從中華民國統計資訊網的網站發現，113 年 6 月的「物價上漲率」（又稱為「通貨膨脹率」）是 2.42%（如下圖一。），可是在同期銀行的活期存款利率，卻只有 0.705%（如下頁圖二。薪資轉帳的存款利率高了一些，可是也才 0.885% 而已。本圖摘錄自臺灣銀行的牌告利率）。這樣的情形，不就跟我們上面所舉的例子如出一轍嗎？這就是不懂得好好管理現金將會造成的結果。

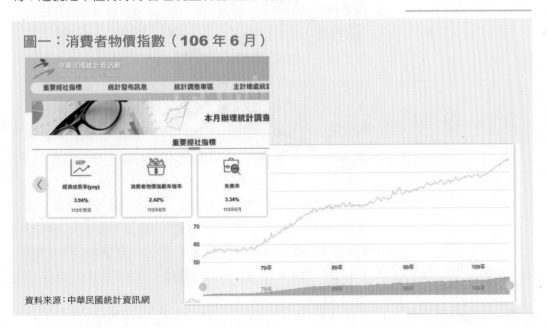

圖一：消費者物價指數（106 年 6 月）

資料來源：中華民國統計資訊網

類別	利率(年息%)				
活期存款利率	0.705				
活期儲蓄存款利率	0.825				
薪資轉帳活期儲蓄存款	0.885				
證券戶活期儲蓄存款	0.030				
信用卡循環信用差別利率	5.875	7.875	8.875	9.875	11.875
基準利率(月調)	3.244				
基準利率(季調)	3.244				
定儲利率指數(月調)	1.751				
定儲利率指數(季調)	1.751				
中華郵政一年期定期儲金機動利率(未達五百萬元)	1.685				
中華郵政二年期定期儲金機動利率(未達五百萬元)	1.720				

資料來源：臺灣銀行

從容不迫過日子，準備恰當數額的緊急預備金

Ⓠ 所以，在低利率或是負利率的時代，將錢存放在銀行會划不來，應該要好好利用才是。可是前面曾經提到過的緊急預備金，是不能夠任意規劃運用的。那麼，要準備多少比較恰當呢？

Ⓐ 既然在財富管理的第一個步驟，是要積極地先存下第一筆資金，也就是前面說的做好現金管理。那麼，要如何管好現金，才能讓它不被通膨吃掉，或者很快地貶值呢？

相信大家第一個念頭想到的，就是趕快將錢拿去投資、創富——沒有錯！可問題是，你必須先瞭解各個投資工具的屬性及其「遊戲規則」，在還沒有充分瞭解前，千萬不要貿然就把自己的血汗錢投進去了。那麼，在選定投資工具之前，應該要怎麼安排錢的去處呢？一個最簡易的辦法，就是先將錢擺放在銀行，勝過將錢擺放在家裡（既容易花掉，也有可能遭小偷），損失了機會成本。然而就算選擇將錢存放在銀行，也可以考慮將一部分暫時不會用到的錢，以更高利率的定期存款方式存著，以賺取較高的利息收入。

Ⓠ 那我要如何得知，有多少暫時用不到的錢呢？

Ⓐ 既然可以選擇將暫時用不到、多餘的錢，存放在定存，或者是放在比活期存款利率高些的金融商品——例如貨幣型基金——以增加收益、降低機會成本，接著我們就要來討論，在現金管理當中經常會遇到的問題：要如何算出，有多少「不常用到」或「暫時不會用到」的錢？另外，應該怎麼安排這些閒錢，才能夠比較有效率呢？

我們先來介紹一個名詞：緊急預備金。所謂的緊急預備金，顧名思義，就是當個人或家庭遭逢為難時的救命錢。由於天有不測風雲、人有旦夕禍福，誰都不知道「明天」跟「意外」哪個先到；因此，保留一部分隨時可以應急的資金，就成為讓自己可以隨時從容應付突發狀況的必要選項。

> 緊急預備金，就是預防不時之需的一筆金額，讓你不會因為突然的意外讓原本的計畫被迫中斷，甚至造成人生崩盤，是不可或缺的風險控管其中一環。

而這部分應急的錢如果預留得太多，就會讓錢「呆放」、沒有效益，顯然不好。更何況大多數的人能夠有閒錢就已經很不容易了，哪還能有「過多」的閒錢（這就是台語的俗諺所說的：生吃都不夠了，哪來可以晒成乾留存的），沒有效率地晾在一旁不做運用？可是如果留得少了，一旦發生緊急事故，可能也無濟於事。因此，預留恰如其分的緊急預備金數額，既能夠讓自己生活地從容不迫，也不至於錯失了讓錢滾錢的機會。

緊急預備金的預留數額，通常和每個人平常的消費模式有關，一般理想狀況是預留每個月例行開銷的數倍；如果你每個月例行的生活開銷是 2 萬元，那麼緊急預備金就是這個數額的幾倍。萬一遭逢某些意外，讓你暫時沒有了固定收入，日子卻還是得過下去；為了避免捉襟見肘，你必須要未

雨綢繆，省下一些錢來，以因應不時之需。至於要留存多少錢當作緊急預備金？一般的經驗是一個人或家庭每月平均支出的三到六倍左右；換句話說，得要準備一筆錢，讓你或一家人即便三個月到半年沒有固定收入，仍然可以安然度過這段非常時期。

而因為每個人或每個家庭的消費模式不同，並沒有辦法具體提出一個放諸四海皆準的數額。建議讀者諸君可以用記帳的方式，把自己跟家人平常消費的金額仔細地記錄下來，不必太久，只要二、三個月左右，大概就可以知道自己和家人平常的花錢模式，也就可以比較精確地知道要提撥多少錢當作緊急預備金比較恰當了。

表一：簡易記帳格式

項目	月　　日	月　　日	月　　日	月　　日
餐飲費				
服裝費				
公用事業費				
電信費				
稅金				
保險費				
交通費				
汽機車維修費				
教育／補習費				
貸款每月攤還費用				
房屋租金				
醫療保健費				
零用金				
日常生活用品				
休閒娛樂				
雜項支出				

　　左頁附上一般家庭常見記帳的格式內容（如左頁表一），讀者朋友可以根據自己不同的狀況做些調整。記帳的目的是要讓自己知道有哪些錢是必要性支出，又有哪些錢是可以斟酌不需要花費的，因此此格式以簡單明瞭為主。現在的行動裝置很是便利，也可以下載記帳 APP 軟體，讓智慧型手機協助你跨出理財的第一步。

Q　扣掉緊急預備金之後的閒錢，只能夠存定存嗎？

A　我們看到現在就連三年期的定期儲蓄存款利率（參見圖三），也不過 1.785% 左右。在跟目前的通貨膨脹率（參見P.29 圖一）相比，仍然較低的情況之下，如果只是把錢定存，也只能眼睜睜地看貨幣的購買力一點一滴地被吃掉而已，還真是不夠聰明的一種做法。因此，我們必須找到一些適合你的風險屬性的金融商品。讀者得要先投資自己，學習瞭解一些金融商品的投資規則、報酬率及風險等（可以參照本書後面的介紹，或是梁老師著作的「3 天搞懂」系列叢書），再好好規劃如何放大財富、創造被動收入才是。

圖三：臺灣銀行牌告利率（查詢時間 113 年 7 月 6 日）

掛牌日期：2024/07/06　　實施日期：2024/07/01

類別	期別		利率(年息%)		
			金額	機動利率	固定利率
定期儲蓄存款	三年		一般	1.785	1.785
			五百萬元(含)以上	0.845	0.845
	二年～未滿三年		一般	1.750	1.750
			五百萬元(含)以上	0.840	0.840
	一年～未滿二年		一般	1.715	1.725
			五百萬元(含)以上	0.835	0.835
定期存款	三年		一般	1.745	1.745
			五百萬元(含)以上	0.780	0.780
	二年～未滿三年		一般	1.730	1.730
			五百萬元(含)以上	0.775	0.775
	一年～未滿二年		一般	1.690	1.700
			五百萬元(含)以上	0.770	0.770
	九個月～未滿十二個月		一般	1.575	1.580
			五百萬元(含)以上	0.735	0.735
	六個月～未滿九個月		一般	1.460	1.465
			五百萬元(含)以上	0.725	0.725
	三個月～未滿六個月		一般	1.285	1.290
			五百萬元(含)以上	0.715	0.715
	一個月～未滿三個月		一般	1.225	1.225
			五百萬元(含)以上	0.710	0.710

資料來源：臺灣銀行

選擇投資工具應重視「流動性」（或稱變現性）、「安全性」及「獲利性」

Ｑ 除了定存之外，比較適合一般小資男女或上班族的投資工具有那些呢？

Ａ 接下來，我們就來看看目前市場上，比較適合一般上班族的流動性資產管理工具有哪些？

我們都瞭解家庭或個人持有現金的主要目的，在於應付日常生活開銷，或是伺機而動、準備在近期投資之用。由於持有現金隱含有機會成本，因此，要如何兼顧持有最少的現金、並能維持適度的流動性，便是現金管理的最高準則。至於要如何將多餘的閒錢做有效率的運用，就是所謂資產管理中的一環。

而資產管理的重點，就在於如何有效率地「配置」資產創造穩定的現金流。既然一般人或家庭持有資產的目的，不外乎是「自用」或「投資」，因此，就自用而言，資產管理的原則，就是適度地滿足己身的需求；至於投資這個面向，則需要把握住三個基本原則：「流動性」（或稱變現性）、「安全性」及「獲利性」。以下我們進一步地闡釋這些觀念。

❶ 流動性：主要是指「變現性」而言。由於「現金」和「銀行存款」是個人或家庭所有資產中，最具「流動性」的資產，為了應付一般例行性的開銷，就必須要留有足夠多的金額，以利周轉。只不過，若持有過多的現金或銀行存款，不僅不必要，也會喪失獲利機會。這點我們在前面已經解釋過了。因此，只要持有足以應付日常生活所需之準備金就可以了。

❷ 安全性：由於每一種投資工具的風險都不相同，因此在選擇投資工具之前，就要先認清該投資工具可能的潛在風險為何。例如大家都知道，股票的風險比定存來得高，

期貨的風險又比股票高；因此，如果讀者朋友們想要充分利用閒置資金，就要事先瞭解相對應的風險值。畢竟「先求知，再投資」，如此一來，應該可以減少許多不必要的虧損而造成遺憾。

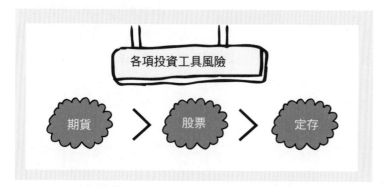

❸ 獲利性：將閒錢投資在任何金融商品上，並承擔部分風險，以換取潛在可能的獲利是資產配置的目的。而如果只是將個人或家庭的閒置資金長期放置在定期存款，雖然有達到前面提到的「流動性」與「安全性」的需求；但是長期而言，由於其獲利性甚低，還有跟不上物價上漲率的風險，長此以往，將不利於個人或家庭財務資源之獲利性與成長性。因此，安排閒置資金還得考慮「獲利性」。

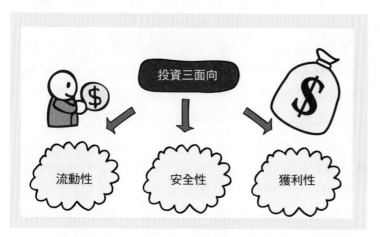

而一般常見之流動性資產管理工具，主要是貨幣市場裡的附買（賣）回協議、銀行承兌匯票、商業本票、可轉讓定期存單、貨幣市場基金等。由於貨幣市場工具具有到期日短、安全性高、變現性快與利率能夠迅速反映市場資金供需情況的特色，因此，比較適合用來安排家庭或個人的閒置資金。而這些投資工具中，又以貨幣市場基金最為普及，也最易上手。投資朋友可以跟銀行或者證券、投信公司洽詢，將閒錢放在貨幣型基金上，當成短期資金的停泊站；等到找到更適合的投資工具時，再將資金轉出去，讓閒錢運用得更有效率。

Q 小資上班族要如何架構儲蓄計畫？

A 儲蓄為投資之本，想要放大財富，自然得先從累積小錢做起。而要如何有效率地架構投資計畫？可以注意以下幾個要點：

❶ 愈早開始愈好：大家都知道複利是全世界最大的威力；透過複利的增值效果，可以讓資產變大；而複利加上時間，資產的累積效果將會更為可觀。因此，架構儲蓄計

畫的第一點，就是愈早開始愈好！

❷ 量入為出：想要積存第一筆資金，量入為出是不二法門！如果再加上記帳、有計畫的消費，甚至於編列預算，將可以明瞭自己有哪些支出是不必要的、甚至是超支的，藉以改善自己的消費模式。想要架構一個有效率的儲蓄計畫，量入為出就是一個不可或缺的觀念。

❸ 強迫自己養成儲蓄習慣：現在的行動支付很是方便，走到哪裡幾乎都可以使用手機付款，加上商人無不殫精竭慮地用各種方式吸引你掏錢消費，因此，你很有可能在不經意之間，拿著手機滑著滑著就買了不少東西，讓自己的荷包大失血！因此，要想實施儲蓄計畫，必須強迫自己養成儲蓄習慣。這可以從我們之前提到過的理財方程式──先存錢再花錢──開始做起。

　　存錢計畫、現金管理是理財規劃最重要的起手式；第一筆資金，是開啟被動收入來源的第一把鑰匙，也將是預約富足人生的敲門磚。有了這第一筆資金，接下來就是要聰明地布局、有效率地加以運用，儘早讓我們過著財務自由的日子了。

踏上財富管理之路前，先繫上安全帶

我們要開車上路之前，都會先繫緊安全帶；那麼，我們要開始做資產配置、啟動理財計畫之前，是不是也要先找到「安全帶」呢？這個「安全帶」，其實就是保險！

單元重點

- 人生也需要「避險」：保險是預約幸福完滿人生的一塊重要拼圖
- 做好風險管理以轉嫁風險：「保險需求分析」四步驟
- 保險種類百百款，這幾種一定要懂
- 幫身家財產買保險——需要知道的財產保險
- 汽機車保險：政策性規定強制投保的險種
- 火災保險之標的物：建築物及建築物內的動產
- 足夠的保額、精省的保費：請你跟我這樣做
- 人生各階段與適合保險的商品規劃懶人包

踏上財富管理之路前，先緊繫安全帶

Q 存到第一筆資金之後，是不是就要將錢投入資本市場，開始增值自己的財富了呢？

A 在財富管理的各個階段中，大部分的人都比較重視「創富」——也就是著眼於如何增值、放大自己的財富；這是最基本而直接的想法。可是，就好像我們要開車上路之前，都會先繫緊安全帶一樣；我們要開始進行資產配置、啟動理財計畫之前，為了安全起見，是不是也要先找到「安全帶」呢？這個所謂的「安全帶」，其實就是保險！

　　大家應該都聽過，有句話說， 明天和意外，不知道誰會先到；因為，除了無法預知人生旅程何時需要下車之外，每個人多多少少都會有大病小病纏身，有可能讓你中斷手邊

正在進行的計畫。那麼，要如何避免這些意料之外的事件，擾亂你既定的藍圖，甚至於讓你辛苦打造的江山，一夕之間傾圮毀壞、付諸東流？擁有適切的保障，也許是你預約幸福完滿人生中，重要的一塊拼圖。

保險是可以遮風避雨的防護傘

　　特別是，如果你已經成為一個成功的投資人、實業家，也擁有了足夠多的財富，接下來，你可能就要進入如何「守富」（守住財富，讓富可以守過三代），以及「傳富」（傳承財富，傳給你親愛的人，而不是讓國稅局成為你最大的繼承人）這幾個階段。在這幾個階段當中，你可能就需要一些適當的金融商品或工具，協助你完成既定的規劃──而保險，無疑是一項不可或缺的商品。

人生也需要「避險」：保險是預約幸福完滿人生的一塊重要拼圖

Ⓠ 我們在學習投資時，聽過一個名詞：「避險」，也就是規避風險。投資需要規避風險，那麼人生也是需要「避險」囉？

Ⓐ 大家都知道，做任何事都會有正向的回饋（或用「報酬」來類比），也會有不如預期的狀況（或者說是「損失」、「風

險」）發生；因此，大家都極力想要避免這些不好的事情發生——也就是想要遠離風險。那麼，什麼是風險呢？所謂的風險，是指某一個事件的發生與否，具有不確定性；至於這個不確定性有多高？通常會以機率或頻率（在單位時間內發生的機率）來表示。因此，如果發生的機率或頻率很高，而且會帶來財務很大的損失，甚至於難以負荷，那麼就值得你花時間與金錢去重視並找到因應的對策。

因此，應該如何管理風險，就成為重視財富管理和理財規劃的人，必須要注意的關鍵點之一。

瞭解了風險簡單的定義之後，我們再來看一下，當風險發生時，可能會有哪些損失？通常，會讓我們有所損失的情況，可以概括分類成財產風險、人身風險與責任風險。所謂財產風險是指，你擁有的各種財產，因為天災或人禍等因素而有損毀、滅失或者貶值所導致的風險。人身風險則是指因為個人遭受疾病、意外傷害而導致殘疾或死亡的風險。至於責任風險，則是指因為某些人的行為或不作為，導致他人財產遭受損失或有人身傷亡的情形，而需行為人所負經濟賠償責任的一種風險。由於責任風險比較偏向於為專業人士做規劃，

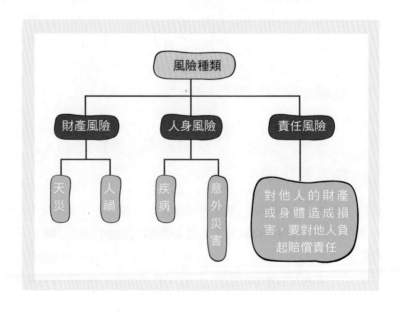

因此，本單元暫且以介紹人身風險與財產風險的規劃為主。

　　既然風險會造成有形與無形的損失，那麼，我們要如何管理風險，避免風險帶來的衝擊？而當這些衝擊無可避免時，我們又該如何有效率地轉嫁風險，讓這些衝擊降到最低，可以讓我們接續各項理財計畫，不至於窒礙難行，甚至於中斷？這就是我們在做規劃之前，都要先想到避險的道理了。

⒬ 所以風險管理也是資產配置中的一環嗎？

Ⓐ 所謂的風險管理，簡單地說是經由對於危險的認識與衡量之後，再以適當的方法，將可能的損失控制於可承受的範圍內，並慎重地考量如何將風險調整，方能有效地配置有限資源，藉此創造最高效益。因此，風險管理的確是我們在做任何理財規劃、資產配置前，必須要先有的觀念，也是要先落實的一環！

做好風險管理以轉嫁風險：「保險需求分析」四步驟

⒬ 那麼，我們要如何做好風險管理呢？

Ⓐ 認識了前述幾個基本概念之後，我們就來看看要如何做好個人或家庭的風險管理。

　　既然想要適度地轉嫁風險所造成的損失，就必須要有成本的考量——就好像你投資想要獲利，就一定得要交易，而交易就會衍生出或多或少的交易成本了。那麼風險管理的「交易成本」是什麼呢？就是你支付給保險公司的保險費。保險公司收到你的保險費之後，就會承諾在某些狀況發生時，協助你因應處理這些不在預期中的狀況對你所造成的衝擊——可能是有形的，可能是無形的——無形的情感受傷，可能需要時間淡化或者其他的情感陪伴，自然不在保險公司的「承

保範圍」；但是因為不在預期內的意外狀況而導致的財務損失，保險公司的理賠支付金可能就會像一場及時雨，讓你猶如久旱逢甘霖。因此，一個好的保險規劃，其所需要支付的保險金額，是需要能夠承擔被保險人的風險與責任的。

但是，關於風險與責任的承擔，不僅會因人而異，也會因為每個人在不同階段的生涯需求，以及所承擔的責任不同而應有所調整。因此，保險額度到底需要多少才夠？這需要依照個人的生涯目標、階段性不同的需求、面臨的風險與承

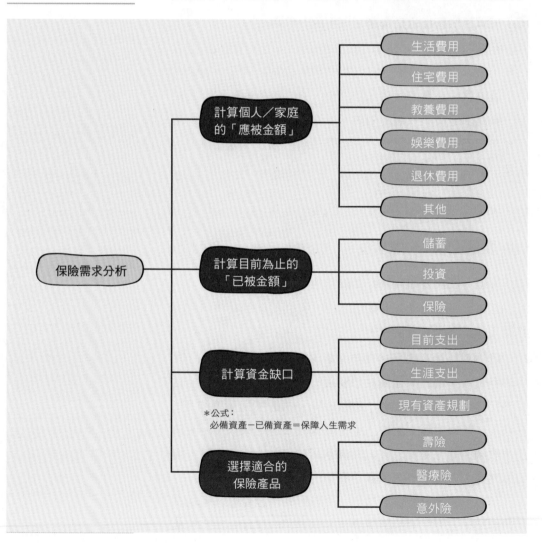

擔責任的高低，才能計算出適合的額度。

因此，我們提出「保險需求分析」的四個步驟，供讀者們參考：

❶ 先計算出個人或家庭的保險總需求。

❷ 計算截至目前為止已經準備好的金額。

❸ 計算出前述一與二各項需求的缺口數額。

❹ 最後是選擇適當的保險商品來填補缺口。

「已備金額」＞「應備金額」＝現有財務足以應付未來風險

「已備金額」＜「應備金額」＝現有財務出現缺口，當心未來造成重大影響

「已備金額」＝「應備金額」＝最理想狀態

保險種類百百款，這幾種一定要懂

Ⓠ 保險的商品種類那麼多，我們都需要買嗎？

Ⓐ 妥善運用保險來因應突如其來的意外對日常生活帶來的衝擊，這樣的觀念很重要。然而，每增加一分保額，相對地也會多增加一分保費支出；因此，錢要如何花在刀口上，避免不必要的花費，當然也很重要。就像我們以往學習投資股票、基金一樣，必須要先瞭解各種保險商品的特色，才能知道要配置多少的資金在各式的保險組合。

家庭的經濟需求是多方面的，包括日常生活支出、醫療保健、殘疾照護、退休安養、休閒娛樂等必須費用，而為了因應不同需求，需要透過不同類型的保單提供適當的保障。若要用相對有限的經費買到足額的保障，除了得要瞭解自己的需求之外，就是要約略知道有哪些保單可以滿足我們的需要。目前市售的保險商品，可以大概分為下列幾種類型：

保險可為人生中的各種風險意外帶來保障

● 壽險：是要轉嫁因為太早死亡所帶來的風險；目前有定
　期壽險（保障某一特定期間）、終身壽險（保障終身）、
　房貸壽險（搭配繳交房貸期限）、儲蓄險（兼具儲蓄與
　身故）等幾大類型。

　　壽險的主要功能在於，可以提供被保險人轉嫁因為太早
死亡而應承擔相對責任的風險。例如遺屬生活費、所需負擔
的債務（例如房貸）等。而在低利率時代頗為盛行的儲蓄險，
主要特色除了它是定存的替代品之外（但要注意購買儲蓄險

的資金，需要被限制住不能提早解約的時間長短）；另一個
特色則是，為了確保要保人在約定的時間內仍生存時，能夠
有一筆可供自己運用的保險金。

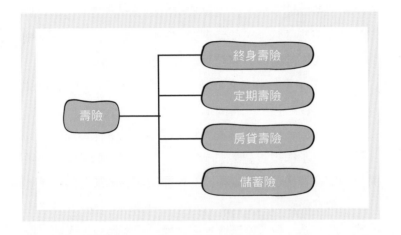

❷ 年金險：分為即期年金（契約訂立後，就可以馬上提領
　年金）與遞延年金（契約訂立後，須經過一定期限才可
　以開始提領年金）兩種。

　　年金險能夠提供的保障在於，如果被保險人擔心活得太
久，導致個人退休生活經濟來源匱乏不足，因此而提前預做
打算，轉嫁因為活得太久、沒有生活費可供花用的風險；換
句話說，可以轉嫁被保險人長命的風險。

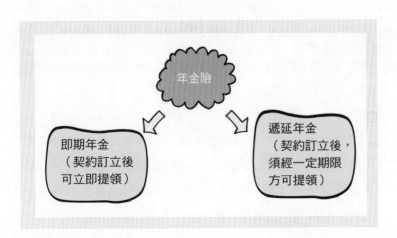

❸ 投資型保單：目前保險公司都有提供變額壽險、變額萬能壽險、變額年金保險這三種商品。

投資型保單是近廿年引進臺灣的保險商品，號稱兼顧投資與保障的功能，而且具有保額可以視情況改變、提供可以隨時繳交保費的彈性、保費可能相對較低廉的特色等（詳細情形必須視不同的保單契約而定）。

一般說來，投資型保單與上述的壽險、年金險的保障目的相同，在於提供死得太早或者是活得太久的風險。但其差異主要在於，傳統的壽險及傳統的年金險，係由保險公司（保險人）承擔投資盈虧之風險；而投資型保單，卻是由被保戶承擔投資帳戶（分離帳戶）操作盈虧的風險。因此，要保人（繳交保費的人）如果選錯了投資標的，導致投資績效持續不佳的話，有可能讓保單因此而失效或停效，而缺乏保障的風險。因此，建議投資人在選擇保單時，要特別注意投資型保單的這一個特點，避免保單失效而白忙一場。我們將變額型以及變額萬能型這兩種投資型保單的特色，整理如下表，供讀者分辨參考。

變額型保單 VS. 變額萬能型保單

| 投資型保單 | 變額型 | 保戶繳交的保費，在扣除死亡保險費用與相關費用之後的餘額，可讓保戶自行選擇投資標的。保戶的保險金額及現金價值的多寡，將依投資績效而定。雖然可享有投資收益，但也必須承擔可能虧損的風險。 |
| | 變額萬能型 | 該險種的特色在於：可以彈性繳費（保費變動）、享受彈性保障（保額變動）、有不同投資標的可供選擇。 |

❹ 健康險：人吃五穀雜糧，總是會有大大小小的病痛產生，這些病痛會衍生出各項醫療費用，嚴重一點還會使人無法工作，造成收入來源中斷。可以的話，我們當然會希望把這種風險轉嫁出去。因此，投保醫療險的目的就在於它可以補貼被保險人因為「不健康」而導致的損失──

健康險含括的種類

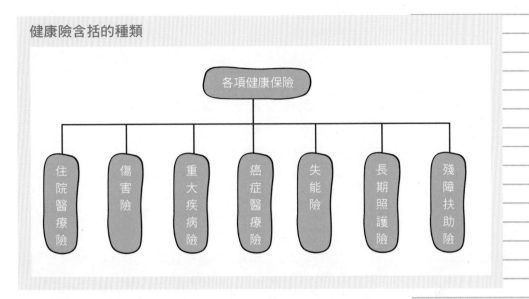

保險公司會因疾病、分娩及其所致殘廢或死亡者，給付
保險金額。然而現實生活中，會造成不健康的原因除了
疾病之外，主要就是意外傷害事故。而因「不健康」導
致較為嚴重的情況，例如失能、需要長期照護，以及需
要更多醫療資源治療的重大疾病等，也都是屬於健康險
之一種。一般健康險所能提供的保障有：住院醫療險、
傷害險、重大疾病險、癌症醫療險、失能險、長期照護險、
殘障扶助險等。

　而生病需要住院時，住院醫療費用保險又可分為實支實
付或定額給付。現代人聞之色變的癌症，保險公司也有提供
癌症險，可供不幸罹患癌症者長期治療所衍生巨額醫療費用
的補貼。給付項目有：初次罹患癌症保險金、癌症住院醫療
保險金（每日）、癌症手術醫療保險金、癌症出院補償保險
金（每日）、癌症化學或放射線治療門診醫療（每次）、癌
症死亡保險金等。除了癌症需要跟病魔長期抗戰之外，重大
疾病也會給家庭帶來很大的經濟衝擊，大多數保險公司提供
保障的涵蓋範圍有：心肌梗塞、冠狀動脈繞道手術、腦中風、
慢性腎衰竭（尿毒症）、癌症、癱瘓、重大器官移植手術等。

癌症險的給付項目

	給付項目
癌症險	初次罹患癌症保險金
	癌症住院醫療保險金（每日）
	癌症手術醫療保險金
	癌症出院補償保險金（每日）
	癌症化學或放射線治療門診醫療（每次）
	癌症死亡保險金

而如果因為疾病或意外造成失能，也可以由保險公司給付部分補助。而保險公司關於失能的定義約有以下這三種：

❶ 無法從事任何具收益性之工作。

❷ 無法從事原有之工作。

❸ 無法從事適合其教育、訓練及經驗之任何工作。

其中以第❸項的定義較為客觀與合理。

> 實支實付型理賠，須注意是否有「日額選擇權」可供「實支轉日額」的方式給付。另外，單次住院只可從實支或日額擇一，不可以住院部分選擇日額、雜費選實支。

從上述的分類介紹可知，因應個人在不同時期、不同目的之保障需求，可以選擇相對應類型的功能險種。但是在進行保險規劃時，除了應該注意需求額度多寡之外，也應注意瞭解各種不同險種之功能與特色，避免在投保時，因為不清楚各險種的功能與特色而誤以為保障業已足夠，甚至發生多繳交保費的狀況。

幫身家財產買保險：需要知道的財產保險

Q 現在有很多人除了重視自身保障之外，也會幫自己的身家財產買保險，這些險種我們也應該認識嗎？

A 替自己的身家財產所購買的保險，就是財產保險。財產保險的功能主要在於，人們在從事各項經濟活動時，因為各種不在預期之內的情況而導致經濟損失、營業中斷衍生的收入損失，以及或有的賠償責任等，提供保障。換句話說，財產保險對於個人而言的主要功能是：

❶ 提供被保險人的損失預防（在意外還沒有發生之前）。

❷ 補償被保險人的經濟損失（在意外造成損失之後）。

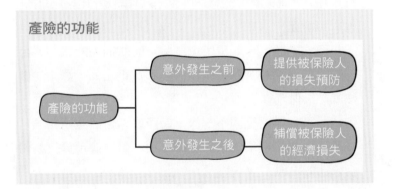

財產保險的標的，除了有形財產之外，還包括無形財產（例如責任險）；因此，財產保險的分類方式，可有以下兩種分法：

❶ 依傳統險種別可分為火災險、海上險、汽車險、意外險等。

❷ 依業務、財務統計上分為火災險、海上保險、汽車險、航空險、其他財產及責任險等。

財產保險（產物保險）	
傳統險種	火災險、海上險、汽車險、意外險
依業務、財務統計	火災險、海上保險、汽車險、航空險、其他財產及責任險

汽機車保險 → 政策性規定強制投保的險種
火災保險的標的物 → 建築物及建築物內的動產

Q 現在幾乎家家戶戶都有投保汽機車強制險或是火災保險，這兩種常見的險種有什麼特色是我們一定要知道的嗎？

A 首先我們來看看汽車保險的特性。

❶ **汽車保險**：汽車保險的目的在於提供因為行車事故所導致損失之補償。它是屬於政策性規定強制投保的險種，主要有強制第三人責任險、任意第三人責任險等。開車行走在外，總會有因為意外事故——可能是自己不小心，也有可能是別人不小心——造成汽車車體損失，甚至於人員傷亡的時候。為了避免這些可能的損失對我們本身的經濟造成衝擊，除了積極的小心行車之外，消極的做法就是投保汽車強制險。汽車險有分成甲、乙、丙三種，各式險種涵蓋的範圍不一樣，保費成本自然也不相同。我們可以先瞭解這三式保險的分別，再根據預算找到適合自己的險種。

甲式汽車險

涵蓋範圍	・碰撞 ・傾覆、火災、閃電、雷擊、爆炸 ・拋擲物、墜落物 ・第三人非善意行為 ・不屬於保險契約特別載明不保事項之任何其他原因

汽車車體損失險乙式

涵蓋範圍	・碰撞 ・傾覆、火災、閃電、雷擊、爆炸 ・拋擲物、墜落物

汽車車體損失險丙式

涵蓋範圍	·被保險汽車與車輛發生碰撞、擦撞（俗稱車碰車） ·若車輛肇事逃逸，但經憲警現場處理且經保險公司查證屬實者

　　為了節省保費，通常產險公司都會有一個自負額的但書，讓行車小心的駕駛人可以支付較低的保費。在自負額方面，分為甲式及乙式：第一次通常為 3000 元，第二次 5000 元，第三次 7000 元；確切需要支付的金額，要視各家保險公司的契約條款而定。但丙式則無自負額的規定。至於竊盜損失險和零配件被竊損失險等，可視自身需求及保費預算選擇是否要附加。

各式汽車險自付額規定

汽車險	自負額規定
甲式	通常第一次為 3000 元，第二次 5000 元，第三次 7000 元；依各家保險公司契約條款而定。
乙式	通常第一次為 3000 元，第二次 5000 元，第三次 7000 元；依各家保險公司契約條款而定。
丙式	無規定。

　　至於一般強制汽車責任險事故的受害者，目前每一人體傷醫療費用為上限新臺幣 20 萬元，死亡保險金額為每一人最高新臺幣 200 萬元（民國 110 年 6 月 24 日修正法規），殘廢等級分為 15 級，每一意外事故之保險金額則不設上限。要注意的是，保障範圍沒有包含「薪資損害」及「慰撫金」。另外，強制責任險目前為交叉理賠，後座乘客受傷可向駕駛人及對方車輛駕駛求償。其他的詳細事項，可以參考各產險公司的官方網站詳閱進一步的說明。

❷ 火災保險：保險的標的物，就是建築物及建築物內的動產。根據財政部訂定的住宅火險新制，住宅火險已經改為每一年一期，另外加入地震險的保障。每一個地震事故受災戶可享有臨時住宿費最高 20 萬元，以及造成全房屋損時，每戶最高 150 萬元的補償。簡而言之，火險的目的就在於提供因「火災」、「閃電雷擊」及「爆炸」等引起之火災為主要承保事故。

另外，因為「航空器墜落」、「機動車輛碰撞」、「意外事故所致之煙燻」及「清除費用」與「臨時住宿費用」、「颱風」、「洪水」、「地震」等保單所列示條件所致損失之補償；換句話說，因為保險事故發生，為清除殘餘物所衍生之費用，也含在理賠範圍內。此外，因為消防損失或鄰居失火而遭拖累燒毀之損失，也屬於火災保險之承保範圍。主要的險種有住宅火險、颱風洪水險、地震險等。

關於住宅火險及地震基本保險的承保範圍以及相關細節相當繁瑣，建議讀者朋友在投保之前，可以向你的產險業務員詢問清楚，或者到各家產險公司的網站瀏覽相關資訊，以免花錢買到不合適的商品。

足夠的保額、精省的保費：請你跟我這樣做

Ｑ 保額愈高，保費應該也會愈高。那有什麼方法可以計算出保險的總需求額度，讓我們的保險費更加精省呢？

Ａ 關於如何計算出保險的總需求額度，讓我們能夠支付合宜的保費，有幾種常用的計算方法，包括遺族需求法、生命價值法、倍數法、定存法及遺產法等，簡單地介紹如下：

我們知道，在美國的 GDP 各組成部門中，消費一項占有舉足輕重的地位，其總額約當占整個 GDP 值的七成；因此，如果想要提升 GDP 成長率，最有效率的方法自然是提

高民間的消費力道。而歷史經驗一再顯示，每當國民就業情況改善、失業率降低、人民有固定的收入來源，也有較高的可支配所得，當然會更勇於消費，國內消費總額也隨之提高；接著便會帶動其他各部門，例如投資部門、貿易部門的成長，最後便是整個國家的 GDP 大幅度的成長，自然而然，股市也會有所表現了。

❶ 家庭需要法（又稱為遺族需求法）：

保額的計算方式

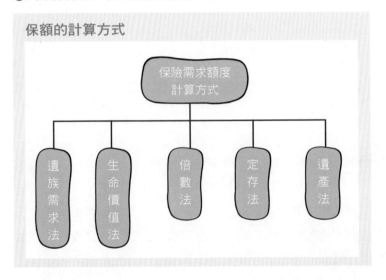

這是一種需要先計算出家庭各項需要的總數之後，再來決定保險總額的方法，又稱為遺族需求法。這個方法的特點是，假設萬一當意外事故發生時，為了維持遺族基本生活水準所需要的準備金總額，也就是當個人／家庭主要的經濟支柱發生死亡或殘廢等事故，造成經濟來源短缺之後，家庭尚且能夠維持原有經濟生活型態所需財務的數額。由於家庭各項生活需求的樣態至為多樣，因此計算起來也略為繁瑣，特地將其計算步驟詳列如下，讓讀者朋友可以更容易明瞭：

遺屬需求金額	遺屬生活費
	子女教育費
	父母孝養金
	負債金額
	緊急預備金

已準備金額	現有可投資資產總額
	個人已有的壽險保障
	團體壽險保障（公司幫忙投保的）
	社會保險保障（例如軍、公、教、勞、農保）

❷ 生命價值法（人身價值法）：

　　人的生命價值自然是無價的，但為了具體計算出如何適當地將風險轉嫁給保險公司，因此，我們得假設人身是有價值的，而且會因人而異。人身價值是指個人在之後終其一生所能賺取的淨收入，也就是個人未來所得之薪資，扣除個人的基本開銷之總價值。計算步驟如下：

保險金額 ＝ （個人年所得－個人年支出） × （預定退休年齡－目前年齡）

　　一般假設，會造成生命價值損失的原因有四項，包括：太早死亡、工作能力喪失、退休、失業。

　　當我們以生命價值法計算保險金額時，還需要注意貨幣的時間價值，以便能求取更精確的計算值；有些人甚至還會將預期的通貨膨脹率、薪資成長率等因素加進來。讀者在運用此方法時，可視個人的狀況調整，以免高估或低估了被保險人的生命價值。

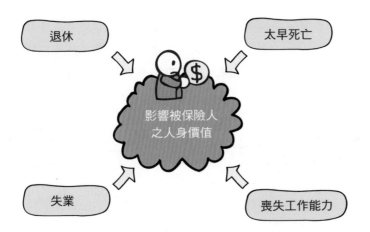

❸ 倍數法：

　　以簡單的倍數估算出打算留給遺族的保險金額，以度過非常時期。這個概念在於，在家庭主要的經濟支柱突然間離世之後，還能夠給予遺屬一段緩衝時間，避免家庭失序、影響家境。而這一段時間是長次短，必須視個別家庭情況而定，通常約為 5 ～ 15 年；也就是需要遺留給家屬生活開銷的總金額，大約是年所得的 5 ～ 15 倍。至於運用這個方法主要考量的因素，須視被保險人的年齡與家庭成員之狀況而定；當被保險人的年紀愈輕，遺屬的平均餘命愈長，所需要的準備金就應該要愈多，因此，倍數也應該要愈高。利用簡單的倍數，就可以讓被保險人快速算出一個大概的保險金額，是這個方法的主要特色。

 遺屬的年紀愈輕，平均餘命愈長，應該為遺屬準備的錢也要更多。

❹ 定存法：

　　用定存法計算出來的保險金額，是希望能夠讓遺屬可以依靠保險金額所產生的利息收入來過生活，避免在家庭的經濟支柱突然發生事故、導致收入中斷時，造成家庭經濟的

失衡。畢竟保險的精神，就是要能夠避免家庭收入中斷的風險，可以讓遺屬無後顧之憂。因此，只要評估出家庭之支出狀況，即可以概算出該為家人投保多少保險金額（本金）了。其公式如下：

每年生活支出　÷　定存年利率　＝　應投保的金額

　　由於現在是低利率時代，每年的定存利率多半在 1～2% 上下，如果用這個方法計算的話，可能會是蠻龐大的一筆數字。例如每年的家庭生活支出如果是 100 萬的話，按照 1～2% 的定存利率計算，應該投保的金額會高達 1 億！這麼高的保額所需要支付的保費，可能至少也要數十萬了。

❺ 遺產法：

　　有些高資產人士持有的多半都是非現金部位，例如不動產，或者是珠寶、古董、字畫等不易變現的資產，一旦長輩身故，晚輩雖能承襲鉅額的財富，但因沒有辦法及時繳交遺產稅，導致無法儘快取得完稅證明，使得分割繼承程序進行得不順遂。為了避免這種情形發生，可以先粗估所需繳交的遺產稅金額之後，再以該遺產稅額為約當的投保金額；一旦長輩身故，保險公司的理賠支票，就可以用來繳交遺產稅，順利地分割繼承遺產。換句話說：

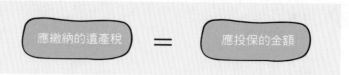

應繳納的遺產稅　＝　應投保的金額

　　現在的遺產稅率已經從以往 10% 的單一稅率，調高到最高 20% 了。讀者朋友在計算應繳納的遺產稅時，可以保守地以 20% 估算會較為妥當。

Q 保額的計算方式已經知道了，那麼保費支出的預算提撥，有沒有需要注意的事項呢？

A 前面已經說明了要如何決定投保金額，接下來關於計算適當保費預算的方法，我們提供以下三種方式，供讀者參考：

❶ 三七分配法：

　　保費約占年度所得扣掉生活費用的餘額的三成左右，這樣繳起保費來，比較不會有負擔；至於是三成或是三成五，或者是其他的分配比率，可以視個人的狀況而彈性調整。

❷ 年所得十分之一法：

　　這個方法相對較為簡單明瞭。總保費的支出只要不超過年所得的十分之一，應該都不至於有太大的負擔，進而排擠到其他資產配置所需要的資金。

$$\boxed{年所得} \times \frac{1}{10} = \boxed{可購買保險的支出}$$

❸ 定額比率法：

　　這個方法是考慮到各種不同險種在不同的階段，分別有不同的重要性。首先，可以將保險分成保障型（一般傳統的壽險）的保費支出，或者是理財型（例如投資型保單）的保費支出。之後，再按以下建議的比率分配保費：

保費占比估算比例	
保障型 保險費支出	占個人或家庭可支配所得的 6%～10% 為宜
理財型 保險費支出	占個人或家庭可支配所得的 20%～30% 為宜

以上關於保費的估算方法，還是得視個人的經濟情況及所需保障而定，不能一體適用。不過，千萬不要為了節省保費，沒有經過深思熟慮就投保；也不要聽信保險業務員的話術，買了一些當下沒有迫切需要的保單。當然，那種「有保就好」的心態，也是需要調整的。

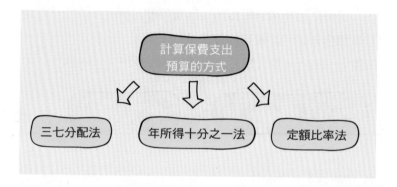

人生各階段與適合保險的商品規劃懶人包

Q **我們已經知道需要將一部分的資金，配置在保險的道理。然而，每個人終其一生會經歷很多不同的階段，這些不同的階段，是不是應該也要有不同的保險組合呢？**

A 隨著年歲增長，我們這輩子會經歷許多階段，例如：撫育期、單身期、築巢期、滿巢期與空巢期。在「撫育期」階段，必須仰賴父母照顧，因此，風險規劃的工作會由父母處理。但從「單身期」起，也就是從自己開始工作，有了收入開始，就應該為自己妥善做好財富管理與風險管理。但是，剛踏入社會的年輕人通常收入較低且不穩定，因此，能夠支應的保費預算也比較不多。而在這個階段所面臨較大的風險，大致屬於意外事故，於是在保險的規劃上，應該就要選擇「較低保費、較高保障」的保險商品為主。

　　在脫離單身階段、步入婚姻之後，我們進入了「築巢期」階段。在這個階段，所應該考慮的風險又跟前二個階段

人生各階段適合的險種一覽表

人生階段	適合商品	說明
單身期	· 定期壽險 · 傷害保險 · 醫療保險 · 防癌健康保險 · 終身壽險	單身期主要是指社會新鮮人以及單身貴族。在此階段，保險規劃之目的主要是以保障為主；但因健保愈來愈陽春，需要再搭配住院醫療保險、防癌健康保險等，以補健保之不足。
築巢期	· 定期壽險 · 終身壽險 · 傷害保險 · 醫療保險 · 失能保險 · 投資型保單	在築巢期這個階段，主要是以剛成家之新婚夫妻為主，由於是男女主人事業剛起步期間，保險規劃應以低保費高保障之壽險、傷害保險為原則。並須額外規劃萬一不幸因為疾病或意外而喪失工作能力時，可以由失能保險提供保障，以減輕家人的經濟負擔。
滿巢期	· 定期壽險 · 終身壽險 · 傷害保險 · 生存保險 · 生死合險 · 年金保險 · 醫療險 / 防癌健康保險 · 投資型保險	滿巢期將特別重視家庭經濟支柱的保障，保險規劃應為全方位的考量，除了對家庭的重責大任需要透過壽險來規劃，以轉嫁萬一收入中斷的風險之外，關於子女的高等教育準備金，以及自己將來的退休金，也應開始著手規劃。
空巢期	· 年金保險 · 重大疾病保險 · 長期看護保險 · 殘扶險 · 生死合險	在經歷過滿潮期之後的空巢期，其經濟基礎漸趨穩定，這時退休後的生涯規劃議題迫在眉睫，因此，保險規劃的方向，應以退休後的生活費用以及醫療費用為主。

不同。這段時間最重要的風險規劃，應該著眼於如何維持家庭的財務安全，避免收入因為某些意外事故而中斷，自然應該以增加保障為主。

隨著小孩的誕生並逐漸地長大，我們慢慢地進入了「滿巢期」。在這個階段，多半都是個人事業邁向顛峰，通常也是經濟狀況最佳的時候。但隨之而來的負擔也會比較重，例如我們可能背負著各種貸款（比如說房貸或車貸），而且需要負擔子女的教養費用等。由於這是人生各個階段當中，

負擔最重的時刻，因此最重要的，就在於勉力維持收入不中斷；但同時也因為退休在即，應該也要開始著手籌措退休準備金。因此，建議的風險規劃方向，仍然是以增加保障為主軸。如果能力所及，可以藉由保險，同步考量子女的高等教育金以及退休規劃準備金等。

等到兒女逐漸長大，也外出求學、就業，並且獨立成家立業之後，我們就開始進入所謂的「空巢期」階段。這時候，以往的經濟負擔逐漸減輕，因此，可以適當地降低保障，節省保費。另外，我們還可以考量投保年金險，以因應長壽的風險，也可以加保長期照護險等商品，保障將來可享有完善的醫療措施，應是這一個「空巢期」階段規劃之方向。

我們將人生各階段與適合保險商品的可能規劃方案，整理如 P59 之表，供讀者參考。更詳細的內容，請參考另一本專書《3 天搞懂保險規劃》。

心動也要行動！

今天是　　　年　　月　　日

我想購買的保險項目是

想買的原因是：

今天是　　　年　　月　　日

我想購買的保險項目是

想買的原因是：

設定財務目標，掌握基本數據，讓各項目標切實可行！

既然我們想要做好財富管理掌握穩定的現金流，不至於「你愈理財，財愈離你」，就要注意那些會讓你離目標愈來愈遠的基本數據。如果你的理財羅盤沒有經過校正，方向偏了，那是到不了目的地的喔！

單元重點

· 設定人生短、中、長期目標，務必具體、明確、切實可行
· 注意會讓錢變薄的「物價上漲率」
· 孩子的教育不能等，高等教育經費要細算
· 退休經費靠自己，查詢管道看這裡
· 買房避免當房奴，房貸條件好壞只要一「下」指
· 稅稅平安，節稅省稅自己來

設定人生短、中、長期目標，務必具體、明確、切實可行

Q 將我們的人生和財產架上保護網之後，是不是可以進一步透過管理財富、做好資產配置，完成我們人生各階段的目標了呢？

A 每個人一輩子辛苦努力工作的目的，就是要讓自己和家人、現在與未來，都能過著舒服的日子、快樂的生活；然而，什麼是舒服的日子、快樂的生活？每個人的定義雖然都不一樣，但只要擁有具體目標，加上找到正確的方法，往這個方向努力前進的話，都有可能成功。畢竟當今世上的富豪，也有很多是白手起家（比方說蟬聯數年全球首富的比爾·蓋茲，以及華人首富李嘉誠），而不是承襲家業；而就算想要克紹箕裘，也得要有守住財富的本事。因此，設定一個具體可行的階段性目標，並透過良好的資產配置及理財規劃輔助，那麼，想要逐步完成人生各階段的夢想就指日可待了。

　　然而，由於每個人在人生不同的階段，都會有不同的願望、不同的目標想要實現，因此我們會先建議讀者在設定目標時，可以就個人短期（通常是三～五年）、中期（通常是五～十年）、長期（通常是十年以上）的規劃，分別訂定「具體」、「可行」的目標。為什麼要特別強調具體、可行呢？理由如下：

　　首先，目標一定要「明確」。假設你想在三年之內買一部車子，十年之內規劃買房子，十五年後打算籌集一筆子女教育基金，供其出國進修。這些買車子、買房子、出國進修等項目，雖然可以算是願望、目標，但都不夠具體。試想，你打算買國產車或是進口的跑車？這兩種類型的車子，所需要耗用的資金不一樣吧？你中意的房子座落地點在哪裡？是在都會區？還是在鄉村地區？這地點一改變，可能就是上千萬的價差。再者，送子女出國讀書、一圓留學夢，那是打算只取得碩士學位，還是攻讀到博士學位呢？在國外多滯留個三、五年，生活費加上學費的總資金準備，可能也會相差個300 萬、500 萬吧？

　　因此，在設定人生短、中、長期目標時，即便可以宏觀遠大，但請務必記得，目標一定要「具體」，要不然接下來的規劃程序肯定會亂了套，導致窒礙難行。

Q 設定財務目標時，除了要「具體」、「明確」之外，還有什麼需要注意的嗎？

A 雖然說，人類因夢想而偉大，但由於每個人所掌握的資源都是有限的（包含時間及金錢），要想從有限的資源裡，創造出最高的效用，就必須要有所取捨。而在取捨之間需要考慮的因素，除了前述提及的要有「具體」、「明確」的目標之外，就在於是否切實可行。試想，一個剛踏出校門，受困於 25K「慣性」低薪的社會新鮮人，如果發下豪語，想在十年內買一棟上億的豪宅，要是沒有意外的財富，可以達到的機率有多高呢？我們就來簡單地估算一下，這個社會新鮮人十年買豪宅的目標（夠「具體」且「明確」），是否切實可行？

　　假使這個月領 25K 的社會新鮮人，在目前普遍處於「凍薪」的時代，年所得大約為 30 萬上下。按照這種薪資水平以及龜速的調薪行情來看，要能夠買到億元級的豪宅，可能要不吃不喝 300 年！當然我們不是要潑社會新鮮人冷水，這

些人也有可能因為創業成功或者中了樂透彩，一夜之間成為億萬富翁，但這樣的機會畢竟可遇不可求，不能夠以常態視之。因此，在設定人生的財管目標時，除了要「具體」、「明確」之外，還要根據現況，考量是否切實可行，要不然這個目標只是流於空談，是沒有太大意義的。

注意會讓錢變薄的「物價上漲率」

Q 為了要知道是否切實可行，財務目標數字是否不能太過含糊？

A 誠如我們前面所說，在訂定財務目標時，要能有具體的數字，這樣我們才能知道，這筆金額應該要以何種方式籌措得來；因此，針對這筆未來需要具備的預算金額，我們得要有某些假設，才能夠比較精準地去計算出來。那麼要如何作好相關假設，以利我們計算出比較精確的財務數字呢？以下是比較重要、且不可或缺的假設數據，是讀者朋友們在訂定財務目標時，需要考量到的：我們先介紹物價上漲（通貨膨脹）率應該如何設定較佳。

NT$100

NT$100

過去　　　　　　　現在

我們都知道現在 100 元的貨幣購買力，絕對不會與若干年後的 100 元相等；至於這 100 元在若干年之後，會剩下多少的購買力？我們就得先要設定一個比較接近實際情況的物價上漲率。

之所以說，要設定一個比較接近實際情況的物價上漲率數字，那是因為如果把這個數字設得太高，購買力減損得比較厲害，雖然是一個比較保守穩健的做法，但如此一來，所計算出來跟現在一樣是 100 元貨幣購買力的未來值，將會大得超乎尋常，讓人望而生畏！在自覺無法達到之餘，有些人可能會自暴自棄，乾脆就把這項目標放棄了；如此一來，就失去做財務規劃的意義了。而如果把物價上漲率的數字設得太低，所得到的數字看起來雖然很容易足額籌得，但若干年之後，恐怕這些錢還是難以支應未來各項財務目標的需求（因為錢還是變薄了，買不起當時已經上漲的各項物資）。

我們來舉個實際數字作說明。假設現在每個月的生活開銷是 2 萬元，我們想知道十年之後，如果想要維持不變的生活品質，也就是跟現在一樣，過著每個月 2 萬元生活開銷的日子，那麼十年之後每個月需要準備多少錢呢？

情境一：假設物價上漲率是 1%，那麼現在的 20,000 元，十年之後會變成

$$20,000 \times (1 + 1\%)^{10} = 22,092$$

情境二：假設物價上漲率是 3%，那麼現在的 20,000 元，十年之後會變成

$$20,000 \times (1 + 3\%)^{10} = 26,878$$

情境三：假設物價上漲率是 5%，那麼現在的 20,000 元，十年之後會變成

$$20,000 \times (1 + 5\%)^{10} = 32,578$$

如果物價上漲率就跟和現在的定存利率一樣，只有1%左右，那麼就算過了十年，想要維持跟現在一樣的生活水平，只需要增加約2000元，壓力不算太大。但是如果物價上漲率是3%，那麼你的收入就得增加約7000元（相當於你過往這十年的薪資增幅要有7000元）。如果物價上漲率達到5%，那麼你的收入就得增加1萬2500元！若是你的薪資增幅達不到這個水準，那麼你就得過著節衣縮食的日子了。

物價上漲讓生活開銷也變多

目前的每月 生活開銷	物價上漲率	十年後每月應有金額	為維持生活水準而需補賺的差額
假設是 20,000元	1%	約22,092元	約2000元
	3%	約26,878元	約7000元
	5%	約32,578元	約12,500元

因此，若想要更加接近若干年後的真實需求金額，這個物價上漲率數字的假設，就不得不小心謹慎了。更何況，如果這個數字引用偏離事實太多，那麼往後的各個步驟（包含策略的擬定、投資工具的選定等），就難脫失之毫釐、差以千里之憾了。

至於這個物價上漲率數字應該要如何設定，才比較恰當？建議讀者可以在計算未來數值時，參閱行政院主計總處的網站，或者是中華民國統計資訊網內的資料，再根據對於時事的看法，設定出一個比較接近現實狀況的數值。

行政院主計總處網址：www.dgbas.gov.tw
中華民國統計資訊網：https://www.stat.gov.tw/

經濟指標

資料來源：中華民國統計資訊網

經濟指標

資料來源：行政院主計總處

孩子的教育不能等，高等教育經費要細算

Q 通常物價上漲率會使貨幣的購買力減損，也就是會讓錢變薄。那麼在進行規劃時，還有哪個數據也是需要斤斤計較的？

A 除了物價上漲率會影響到我們未來對於資產該如何配置之外，關於高等教養費數據的假設，也至關重要。尤其是在現今少子化、各種教育改革競相出爐的情況下，未來的年輕

人應該都很有機會受到高等教育。只不過，高等教育費用的成長幅度該如何設定，才不至於讓孩子因為負擔不起高昂學費而中輟了求學深造之路？特別是如果政府的財政困窘情形日益惡化，肯定會讓各大專校院自籌教育經費的壓力變大，那麼未來上大學唸書的成本，可能會遠高於目前計算出來的目標。如果還要栽培小孩出國唸書，可能還得注意幣值升貶的議題。因此，未來讀者在進行子女教育金規劃時，建議可以參考教育部高教司的網站，裡面除了有歷年來高等教育學雜費的調整金額及比例之外，也有相關政策的宣示，可以作為計算子女教育金的參考。

高教學費資訊

資料來源：高等教育司

退休經費靠自己，查詢管道看這裡

Q 長期的資金規劃有子女的高等教育經費，那麼在做退休金規劃時，有什麼數據需要注意的？

A 臺灣一般民眾的退休金，通常有三大來源：來自政府、企業或者自行提撥。如果是以勞工為例，第一項來源稱為勞工保險（簡稱勞保）；來自於企業雇主提撥的，稱為勞工退休金（簡稱勞退）。前面兩個退休金來源，若是不足以支撐退休生活的經費來源，那麼就得仰賴自己在退休之前的未雨綢繆、自行提存了。

在目前政府的財政不見寬裕的趨勢之下，已經有大砍退休金的修法取向；以目前軍公教退休年金的改革方案，其所得替代率一再地下修；而將近上千萬的勞工階層，未來肯定是（勞保費）繳得多、領得少（勞保退休年金），以及延後領（民國 51 年以後出生的勞工，到 65 歲才能夠請領勞保年金）。

資料來源：勞動部勞工保險局

　　而現在雖然規定強制企業逐月提撥（有別於以往的確定
給付制，現在的退休金新制是確定提撥制），但是，大部分
的企業只是按最低的標準（薪水的 6%）提撥，這筆數字當
然跟你的薪水息息相關。而政府的勞保老年年金，加上企業
提撥的退休金準備，是不是足夠讓我們當一個樂齡退休的銀
髮族？不無疑問！因此，還是得靠自己在有工作的時期，未
雨綢繆、預先準備擁有數個被動收入來源，會是比較穩當的
做法。讀者如果想要瞭解自己的退休金專戶已經累積多少金
額，可以到勞保局的網站查詢，或者也可以到指定銀行（例
如玉山銀行、土地銀行等）申辦一張勞動保障金融卡，就可

勞退新制試算表

勞工個人退休金試算表(勞退新制)

個人目前薪資（月）：	30000	元
預估個人退休金投資報酬率（年）：	2	%
預估個人薪資成長率（年）：	2	%
退休金提繳率（月）：	6	%
預估選擇新制後之工作年資：	35	年
預估平均餘命：	● 20年 ○ 24年	
結清舊制年資移入專戶之退休金至退休時累積本金及收益	0	元

試　算	重　算	計算明細

預估可累積退休金及收益：	1,533,074 元
預估每月可領月退休金：	7,743 元
預估每月可領月退休金之金額佔最後三年平均薪資比例：（所得替代率）	13.425227568270481 %

填表說明：

(1) 本試算表僅提供預估退休金之用，實際已提繳之退休金及收益，請至勞保局網站「勞工退休金個人專戶查詢及試算」（連結網址：http://www.bli.gov.tw/sub.aspx?a=vrseRVOKftE%3d）查詢。

(2) 使用本試算表時，請自行輸入薪資、預估投資報酬率、薪資成長率、提撥率、工作年資等假設條件。試算結果僅供參考，並不會影響實際領取退休金金額。實際領取退休金仍以個人在勞保局「勞工退休金個人專戶」內累積的總金額為準。

(3) 「預估個人退休金投資報酬率」，係指預估在工作期間，所提撥退休金，經投資運用的平均報酬率。

(4) 「預估平均餘命」，本試算表預設平均餘命為20年及24年二種選項，請自行選擇輸入。

資料來源：勞動部勞工保險局

以隨時在該銀行的提款機查詢退休金專戶的數額了。

在試算表中（參考 P71 圖），有幾個關鍵數字是需要斟酌的。例如「預估個人退休金投資報酬率」的設算，就不宜太高。目前的勞退基金是由勞動部成立一個監理會，負責基金的管理投資和運用。雖然政府承諾保障收益為二年期的定存利率，然而以目前的利率水準來看，大概只有1.75％左右，因此這個設算報酬率不宜太高，以免高估可領的退休金。另外就是「預估個人薪資成長率」，這指的就是你的調薪幅度，如果遇到的是「慣老闆」，那這個薪資調幅恐怕很容易讓人失望了。以上這兩個數字是在計算勞退新制可領的退休金中，比較需要注意的假設數字。

買房避免當房奴，房貸條件好壞只要「一下指」

Q 購屋預算的提撥，也是一筆很大的數字，我們在規劃時又需要注意什麼重點？

A 臺灣人安土重遷的觀念依然根深柢固，購屋向來是無殼蝸牛最重要的中長期規劃之一。想要成為有殼階級，買房的資金來源就需要經過縝密考慮；特別是動輒 20 年、30 年的房屋貸款計畫，更是必須貨比三家、精打細算之後，再來決定要向哪個銀行貸款。畢竟，房貸金額動輒上千萬，貸款期限又很長，就算利率只是相差一碼（0.25％），利息在經年累月的累積之後，可能也會有數十萬的差額，值得房貸戶多花一點時間比較、考慮。由於現在網路資訊很發達，讀者只要用手指點一下，就能找到各式各樣的房貸組合方案，很快就一目瞭然。

在一開始洽詢相關金融業者（通常是銀行，有些人則會找壽險公司）時，就需要仔細評估自己的狀況、瞭解金融機構的授信條件（例如利率的高低、有沒有寬限期、相關手續

費項目等）。畢竟，每個房貸戶的需求以及其能夠負擔的情況都不大相同，讀者應該為自己長達 20 年以上的財務規畫多花一些心思。

現在的網路那麼方便，可以透過上網搜尋各家金融機構的條件，多加比較，再決定要跟哪家金融機構貸款，如此一來，既可以挑選對自己最有利的方案（例如首購族、青年優惠房貸等），節省利息費用，也可以提前為自己的財富管理計畫進行長遠布局，以免在人生的某個階段因為突如其來的重大資金缺口，讓自己慌了手腳，甚至於必須提前處分房屋、變現償還貸款，最終失去了房屋、白忙一場。

另外，也不要任意聽信貸款黃牛的說詞，委託他們代為辦理，到時候不僅會多花冤枉錢（例如代辦手續費），甚至發生貸款條件不如預期（例如額度不夠、利率不夠好等）、還讓自己陷於進退兩難的局面，那可真是賠了夫人又折兵。

因為挑選金融機構、辦理房貸、物色相關的貸款條件，關係到買房子之後的財務負擔與現金流量，所以，建議應該事前多花些時間謹慎思考、貨比三家，為自己挑選一個最適合的房貸方案。而需要衡量的關鍵因素有下列三項：利率、

貸款前先上網搜尋資料

房屋貸款

% 「定儲利率指數」房貸

| 商品說明 | 計算說明 | 新舊房貸處理措施 | 「定儲利率指數」房貸 Q＆A |

本行優惠房貸專案		
% 「定儲利率指數」房貸	對象	• 年滿20歲，信用良好無不良記錄者。 • 年齡加計借款期間未滿75歲。 • 能提供房屋及基地設定第一順位抵押權予本行。
♻ 理財循環貸		
🏠 金拍屋·法拍屋·好家貸	金額/額度	依本行產估辦法從優核定。
🚶 安養房屋貸款		
政府低利房貸		

資料來源：華南銀行

償還年限、償還方式。不論金融機構開出的條件如何，最重要的是，適不適合你本身的理財規劃及資產配置條件，而這也是避免成為房奴、到頭來白忙一場的重點所在。

稅稅平安，節稅省稅自己來

Q 每年都需要繳交個人綜合所得稅，以及贈與稅、遺產稅等多如牛毛的稅目，這些稅金的支出也會影響理財規劃嗎？

A 臺灣的稅目繁多，如果不是花了很多時間鑽研的專業人士，很難一窺堂奧。不過，我們在做個人財富管理規劃時，只需要針對幾個比較大的項目討論即可；特別是每人每年都必須要碰到的個人所得稅議題（在每年 5 月申報），以及在做資產傳承規劃時，一定要知道的遺產稅、贈與稅等相關議題（從 2017 年 5 月開始，遺產及贈與稅率已經從單一的 10%，改為累進稅率，最高稅率調高到 20%）。這三大稅務議題之所以重要，主要在於稅務來源的規劃；因為任何稅

資料來源：北區國稅局

家庭財務目標彙整釋例

理財目標	優先順序	準備年限	預估水準（現值）	備註
購屋	1	5 年	800 萬	五年內完成
小孩教育金	2	15 年	200 萬	培養小孩至研究所畢業
退休金	3	25 年（65 歲退休）	5 萬 / 月	夫妻合計

務的課徵，一律是以現金繳納——除非有某些特殊條件（多半出現在遺產稅的繳納），稅務機關通常是不允許實物抵繳的。因此，我們在從事全方位的財富規劃時，就不得不瞭解跟我們有切身關係的基本稅務法規。相關的議題，讀者可以在財政部國稅局的網站找到相關的法規或資料。

　　讀者只要掌握以上五大重點，就可以更精確地協助自己設定財務目標了。而在設定目標之餘，還可以根據輕重緩急標出優先順序，以方便資金規劃與籌措。以下彙整出一般人常見的財務目標例子，供讀者參考（要提醒讀者的是，對於財務目標的優先順序排法，見仁見智，沒有一定的標準答案）。有了前述的這些準備功夫，接下來就是要訂定配置資產，規劃理財的策略和實施方案了。

理性評估投資風險，建立資產配置保護傘

我是哪一類型的投資人？
投資風險屬性評量

目前年齡	□ 30 歲以下	□ 31～40 歲	□ 41～50 歲	□ 51～60 歲	□ 60 歲以上	得分
評分	20 分	15 分	10 分	5 分	0 分	

題目		選項			得分
以下陳述是否符合您的想法或習慣？		3 分	2 分	1 分	
A.理財性向	1. 從事與金錢有關的決策時，我會先考慮最壞的情況	□不符合	□還算符合	□非常符合	
	2. 我不會把錢放在自己不熟悉的金融商品上	□不符合	□還算符合	□非常符合	
	3. 收入的增加比帳面財富的增加更能帶給我成就感	□不符合	□還算符合	□非常符合	
	4. 股票市場的高低起伏會令我神經緊張	□不符合	□還算符合	□非常符合	
	5. 我寧願少賺兩塊錢，也不願損失一塊錢	□不符合	□還算符合	□非常符合	
	6. 我對投資一竅不通，也不想花太多時間研究	□不符合	□還算符合	□非常符合	
	7. 和朋友聚會時，我不會主動提起投資理財的話題	□不符合	□還算符合	□非常符合	
	8. 我覺得投資賺錢完全靠運氣，無法自己掌握	□不符合	□還算符合	□非常符合	
	9. 如果沒有人引導，我會做存款以外的金融投資	□不符合	□還算符合	□非常符合	
	10. 我覺得省下一塊錢，比靠投資賺一塊錢來得更容易實在	□不符合	□還算符合	□非常符合	
得分小計					

透過投資風險屬性評量表格,可以幫助你瞭解自己是什麼屬性的投資人。認清你的投資風險承受度後,才能擬定後續的投資策略,做好資產配置,讓你的投資更加理性,比較不會隨著情緒變化而任意變換投資策略。在面對金融從業人員推薦商品時,自己也可以多一份主見與篤定。

B. 投資一般選擇	1. 本金損失的承受度	□ 0	□ 0～5%	□ 5～10%	□ 10～20%	□ 20% 以上	
	2. 預期的投資報酬率	□ 5% 以下	□ 5～10%	□ 10～15%	□ 15～20%	□ 20% 以上	
	3. 最常運用投資工具	□存款債券	□標會	□不動產	□股票型基金	□個股	
	4. 如設定停利點,會設在	□ 10%	□ 15%	□ 20%	□ 25%	□ 30%	
	5. 如設定停損點,會設在	□ 5%	□ 10%	□ 15%	□ 20%	□ 25%	
	6. 對投資價格的關切程度	□即時	□每天	□每週	□每月	□幾乎不看	
	得 分 小 計						
C. 特定選擇	1. 此次投資可持續期間	□ 1 年內	□ 1～5 年	□ 5～10 年	□ 10～20 年	□ 20 年以上	
	2. 此次投資金額佔總資產	□ 10% 以下	□ 10～25%	□ 25~50%	□ 50~70%	□ 75% 以上	
	3. 此次投資的策略偏向	□單筆單一標的 □單筆分散標的 □分批投入單一標的 □定期定額投入單一標的 □定期定額投入分散標的					
	4. 此次投資的過去投資經驗	□無 □ 1 年以下 □ 1～3 年 □ 3～10 年 □ 10 年以上					
	得 分 小 計						
	A + B + C 之 總 分						

計分方式說明:年齡分數+ A + B =一般投資風險承擔分數(滿分80分),若無特殊目標和標的,只要計算至此即可。
上述分數=特定理財目標計畫投資風險承擔分數(滿分 100 分)

評量總分	□ 21～40 分	□ 41～60 分	□ 61～80 分	□ 81～100 分
投資風險承受度	極低	中低	中高	極高
投資策略	保守型	平衡型	積極型	冒險型

(資料來源:KEYs 財富管理軟體 / 精進財商顧問股份有限公司提供)

第1天
課程結束！

第2天

解鎖被動收入第二步──
資產配置的步驟

看到好的標的，想立馬進場投入資金？別急！投資理財無捷徑，按部就班、順風駛帆才能駛得萬年船！理財前先盤點一下你的資源有多少──就像要旅行前，先要瞭解目前是適合出遠門，還是就近踏青？接著找到適合自己的理財策略、投資工具，再按圖索驥，看看你的資金要如何分配？是要留在國內拚經濟？還是要繞著地球賺？本單元一口氣告訴你！

 盤點現有資源、系統化編表，
讓數字告訴你理財的效益！

 混搭執行方法，達成各階段的財務規劃

 照本宣科，不必擔心遇到經濟亂流

 投資組合管理

盤點現有資源、系統化編表，讓數字告訴你理財的效益！

在開始理財、管理資產的過程中，有三張表能夠協助你檢視自己理財的效益！

單元重點

・衡量本身財務狀況，盤點現有資源：編製財務三表
・盤點可用資源：資產負債表之編製與分析
・健檢家庭財務，注意各項比率的變化
・收入支出狀況變動表之編製與分析
・全生涯現金流量表之編製與分析

衡量本身財務狀況，盤點現有資源：編製財務三表

Q 我們已經知道要先訂定具體的理財目標，也知道現金流管理的重要性。那麼在開始理財、管理資產的過程中，要如何檢視自己理財的效益呢？

A 大多數的人，平常都很努力賺錢（開源），也盡可能省吃儉用（節流）；也希望可以讓小錢變成大錢（投資、資產配置）。可是，計畫往往趕不上變化，總會有黑天鵝現蹤、春燕姍姍來遲，甚至於千呼萬喚竟然是熊出沒！因此，理財的成果如何、被動收入的績效表現是否符合預期？是需要定期檢視、調整策略的。而檢視的科學方法，可以仿照會計學所提到的，編製個人／家庭的財務報表，就可以讓個人的財務現況一目瞭然。而這些個人／家庭的財務報表包括三部分：資產負債表、收入支出狀況變動表、全生涯現金流量表。透過定期的編製並更新這三張財務報表，可以瞭解過往所作的努力，是不是在正確的方向上進行著？避免已經偏離了航道，卻不知修正方向，甚至執迷不悟，到頭來就只是白做工了！

Ｑ 編製這些報表，需要準備哪些資料呢？

Ⓐ 在編製個人的財務三表之前，我們需要先準備以下資料，以方便編製報表。通常需要準備的資料涵蓋個人或家庭的收入、支出、儲蓄與投資、負債、保障（保險）等五大區塊；這五大區塊，可以是按月、或按年統計。接下來，再根據這些資料，編製出個人或家庭財務三表，之後再進一步地分析各個數字之間的比率關係，這也可以仿照公司理財中的財務報表分析的比率加以分析。

　　首先，我們先來看看個人／家庭的收入項目，可能會有哪些？大部分個人／家庭的收入可以分成薪資收入以及理財收入這兩項。薪資收入，不消說，指的就是上班族平常早出晚歸、用時間換來的月薪了；如果有兼差所得，也是歸結到這個項目。而理財收入，有些書籍會稱作「被動收入」（這是相較於被稱為「主動收入」的薪資收入而言）。

　　至於支出項目，前面的章節曾經提過，可以記流水帳統計得之。

　　而儲蓄與投資，以及負債，基本上就是前面的兩個科目——收入與支出——之間的差額。如果是正數，就稱為「儲蓄」；我們可以進一步地將這些儲蓄的用途，細分成各項的投資。如果是負數，表示入不敷出，就稱為「負債」；當個人有負債時，應該視為重大的警訊——理財先要理債，先想辦法訂出還債的時間表，以免讓自己成為「負債人生」的主角！

　　至於保障（保險）這一部分，我們在第一天已經有專章說明，其重要性自不待言可參考《3 天搞懂保險規劃》；讀者朋友可以把現在已經有的保障，臚列成表，以方便自己定期審視保障是否已經足夠、沒有缺口。

編製個人財務報表所需資料

個人／家庭之收入	・薪資 ・理財
個人／家庭之支出	・記錄各項流水帳
儲蓄與投資	・收入減支出 ・投資成果是賺是賠？ 若差數為正數 → 即為儲蓄 若差數為負數 → 即為負債
負債	警訊！
保障	各項保險

盤點可用資源：資產負債表之編製與分析

Q 個人或家庭要如何編製資產負債表呢？

A 每一個人／家庭在努力工作一段時間之後，一定會想知道有多少成果；就好比你想投資一家公司，當他們的股東之前，你會想瞭解這家公司有多少價值一樣。那麼，你或你們這一家，在某個特定時間點（我們說，資產負債表是表彰某一個特定時間點的存量觀念），又有多少價值呢？這時就可以透過個人／家庭的資產負債表得知了。

要編製出個人／家庭資產負債表，需要先蒐集個人或是家庭名下各項資產或負債的明細資料。我們在編製報表時，可以仿照公司行號的資產負債表格式，在左邊填入各項資產的相關項目，右上半部則先填入負債的相關項目。至於「淨值」這個科目，等於資產與負債的差額，要填寫在右下半部。

在會計學上，有所謂資產負債表恆等式，這個觀念在個人或家庭資產負債表中，也是成立的；也就是資產＝負債＋淨值，而資產負債表的格式如同下表。在表頭有一列「年　　月　　日」，這一定得要填寫。因為我們的財產當中可能會有存款，所以得要知道，在 x 年 x 月 x 日銀行的存款餘

額是多少？讀者可以在編表之前先去銀行補登存摺以得知數字。另外，我們也會想要知道自己投資的股票或基金，現在價值多少？因此，必須特別弄清楚你計算所擁有股票或基金的價值，是在哪一天以其收盤價或淨值計算而得之的。職是之故，千萬不可遺漏註明表頭的特定時間點。

個人或家庭資產負債表：　　年　　月　　日

資　　產	金　　額	負　　債	金　　額
銀行存款（可以再細分成活期或定期存款）		汽車貸款	
債權		信用貸款	
保單現金價值		房屋抵押貸款	
股票		其他抵押／質押貸款	
基金		其他借款	
債券			
其他投資			
長期投資－企業股份			
不動產－房屋		負債總額	
不動產－土地			
金、銀、珠寶、骨董等收藏品			
汽、機車			
其他資產		淨　　值	
資產總計		負債＋淨值合計數	

Q 這些資產項目有沒有比較嚴謹的定義呢？

A 上述個人／家庭的「資產項目」，大致解釋如下：

❶ **銀行存款**：可以再細分成活期存款與定期存款。凡是個人隨身持有、放在家中保險箱的、放在銀行的現金，統統列在這一個項目底下。而為了精確起見，可以透過每日記帳的方式，記錄每日的現金存量有多少。至於放在

銀行帳戶內的存款金額，可以在編製報表的前一日，去銀行補登存摺，就可以知道最新的存款餘額了。

❷ 債權：這是指個人或家庭出借給他人的債務權利，未來可以收回者。

❸ 保單現金價值：一般保單像是養老險、終身壽險、各項年金、儲蓄險或是投資型保單等，在投保二年以上，通常就會有保單現金價值。這也算是個人或家庭所擁有資產的一種，不可忽略。至於保單現金價值要登錄的數字是多少，建議可以查閱原來保單上所記載的解約現金價值，或者跟保險公司查詢可得知。

❹ 股票、基金、債券及其他有價證券的投資金額等：這幾項個人或家庭常見的投資工具，在登錄數額時，建議可以金融機構製給的交易對帳單明細作為憑證。並且為了保守穩健原則起見，凡是不確定的增值項目，建議暫時不要把它列入資產，而應以原始的投入成本登錄之，較為妥當。

❺ 長期投資—企業股份：有別於前面提到的股票，這裡的企業股份，是指將自有資金投資到不論是自創事業，或是與人合夥經營事業等的企業股份。由於中小企業多半不像上市、上櫃有客觀公正的收盤價可為參考，因此在登錄時，仍應秉持保守穩健原則，以當初入股時的入股金額來登錄之。我們可以說，因為這些沒有公開發行的股份缺乏客觀公正的公平市價，只有在企業股份轉讓時，才會按照議訂的成交價值計價；為免高估個人或家庭的企業股份財富，建議應以當初的入股金額登錄之為佳。

❻ 不動產—房屋，或者不動產—土地：大多數的個人或家庭，最重要且金額最為龐大的資產，多半就是房屋或者土地了；因此，不論當初所購置的是土地或房屋，仍然建議應以當時的購入成本價作為登錄之憑據為宜。另外，在登錄時，可以加計在取得不動產過程時的交易相關費

用，例如：契稅、仲介費、地政士（代書費）等，以揭露總成本的全貌。

❼ **金、銀、珠寶、骨董等收藏品**：這一類是指黃金、白銀之類的貴重金屬，珠寶、翡翠、鑽石等飾品，另外像是骨董、字畫等，都可以歸於此類。由於大部分這類的收藏品都會增值，如果想要知道目前這些收藏品增值多少，建議可以請專業的鑑價人員估算之。定期明瞭這些收藏品的市場行情，將有助於未來可以多增加資產彈性的利用空間。

❽ **汽機車**：一般而言，關於汽機車的折舊情況是又快（速度）又可觀（金額），因而與當初購買的原始成本相差甚遠。至於要如何估算資產負債表日的數字？如果購買的是名車，可以藉由車行估算目前的市價，這樣可以更為客觀地瞭解汽機車這些資產的淨值。而如果家中的汽機車只是一般代步工具，就算不列入資產計算，差異應該也不至於太大。

❾ **其他資產**：除了上述可以明顯分類的資產之外的其他資產，統統可以歸類放在這一項目底下。但是，在估算這些沒有辦法歸類的其他資產價值時，應以有市場行情的為主；如果只是「敝帚自珍」之流（自認為持有的東西是無價之寶），恐怕不宜把它列入，以免有膨脹資產之嫌。

常見個人／家庭資產項目

個人／家庭資產項目	
銀行存款	債權
保單現金價值	股票、基金、債券及其他有價證券的投資金額
長期投資：企業股份	不動產：房屋或土地
金、銀、珠寶、骨董等收藏品	汽機車以及其他資產

Q 「負債項目」也有特殊的含意嗎？

A 至於「負債項目」，大概有以下幾項可以列入：

❶ **汽機車貸款／信用貸款：**在登錄時，應以截至目前為止的負債餘額列示；至於實際金額，可向原申貸機構或銀行查詢。如果是要記錄信用卡的循環信用餘額，則可以信用卡對帳單「上月未還餘額」的數字列示之。通常信用卡的循環息都遠比一般的房屋貸款來得高出許多，建議應該加註循環利率來提醒自己目前正承受著高額的利息負擔，將來一有錢，也應該優先償還這些高額的負債項目。

重點 信用卡的循環信用利息非常高，使用循環利息就是承擔高額負擔。有閒錢的時候，應該以償還信用卡未還餘額為優先。

❷ **房屋抵押貸款：**跟前面的汽機車貸款一樣，只要記錄「貸款本金未償還餘額」的數字即可；這個數字可以跟銀行的放款部門查詢得知。至於每期應繳的貸款金額、貸款利率、剩餘期數以及貸款本金餘額等，可以在附註欄揭露出來，提醒自己應該盡可能及早歸還。

❸ **其他抵押貸款：**如果還有前述兩者之外的抵押貸款，一樣登錄在資產負債表日的本金餘額即可。

記錄完成個人或家庭所有的「資產」及「負債」項目之後，再把「資產」總額扣除「負債」總額，就可以算出個人或家庭財富的「淨值」。如果資產大於負債，那麼個人或家庭財富的「淨值」是為正數；反之，則為負數——就是一般俗稱的負債累累。這時就要提醒自己該好好理債了。

重點

個人或家庭財富淨值＝資產總額－負債總額

若淨值為正數 → 資產＞負債

若淨值為負數 → 負債！以理債為優先考量

負債項目		
・汽機車貸款 ・信用貸款	・房屋抵押貸款	・其他抵押貸款

Ⓠ 編好報表之後，需要定期更新嗎？

Ⓐ 這張個人／家庭的資產負債表，建議應該至少每年更新一次；如果可以，最好像一般企業一樣，每月更新一次，以便能及時檢視理財的成績，做出適切的修正。如果有異常情況（例如淨值出現負值），也比較能夠及時懸崖勒馬，調整理財策略，在短期之內讓淨值可以儘快轉正，這也是財富管理規劃最基本的功用。

完成這張個人／家庭的資產負債表之後，我們還可以仿照企業理財中的財務比率分析，進一步瞭解個人／家庭的基本財務狀況。在分析之前，我們先介紹一下什麼是「存量」的概念。

所謂「存量」，是用來顯示某一個時間點，個人／家庭資產與負債的狀況；實務上，會以月底、季底或年底當作資產、負債的結算基準點（又稱為資產負債表日）。投資朋友們可以藉由在經過某一段期間之後的某天，審視一下資產跟負債的變化情況，並調整現有的資產配置方向與策略。例如，我們還可以進一步地引用會計學上的概念，整理出以下幾個簡單的式子：

❶ 資產＝負債＋淨值

❷ 當期的儲蓄（結餘款）需要善加運用，可運用在：

　・投資－可使資產項下的金額增加

　・償還貸款－可使負債項下的金額減少。

❸ 家庭財務結構分析。我們以資產及負債各個重要的項目
　分別分析，其重點整理如下：

資產項目	資產項目
・流動性資產（可以包含緊急預備金至少六個月的生活費）：凡是列屬於該項的資產，通常流動性較高，也較容易變現；正因為如此，就不宜將之配置在長天期的投資項目，因此報酬率也因而較低。這部分因為沒有被用來規劃作為投資之用，有時又被稱為自用資產。	可以按照「貸款期間的長短」分類編製，也可以按照「貸款利率的高低」來分類編製，或者是按照： ・因為消費而發生的負債 ・因為投資而產生的負債 ・自用資產（例如自住房貸）所衍生的負債等而分類。
・短期投資（包括定存、基金、股票、生息資產等）：列計於該項目底下的資產，流動性稍低於前項的流動性資產，但報酬率較高，也較具風險性，是屬於生息資產的一部分。	**淨值項目**
・長期投資：列屬於該項的資產，多半打算投資的期間較長，也較不注重其短期的投資報酬率。常見屬於個人／家庭長期投資的資產，有企業的股份或投資不動產等項目，是屬於生息資產的一部分。	資產－負債＝淨值

自用不動產：通常指的是自住的不動產，在短期內不會動用及變現。
其他資產：凡是不屬於前面的各項資產，通常可以歸類於此項下。例如汽、機車、黃金、骨董、字畫等收藏品。

健檢家庭財務，注意各項比率的變化

（Q）這些資產或負債的占比變化情況，也有必要留意嗎？

（A）就跟企業的財務報表一樣，有些科目或類別的占比是不宜過高或過低的，如果這些比率出現異常變化，就表示你的理財計畫有必要調整修正了。以下我們列出比較重要的家庭資產負債表的財務比率分析公式，供讀者朋友沿用參考。

一、家庭財務結構分析：負債比率

❶ 總資產 TA ＝自用資產 UA ＋生息資產 IA

❷ 總負債 TL ＝
自用資產負債 UL ＋投資負債 IL ＋消費負債 CL

❸ 負債比率＝總負債 TL ÷ 總資產 TA
＝（自用資產負債 UL ＋投資負債 IL ＋消費負債 CL）
　÷ 總資產 TA
＝（UL ÷ TA）＋（IL ÷ TA）＋（CL ÷ TA）

$\dfrac{UL}{UA}$	×	$\dfrac{UA}{TA}$	+	$\dfrac{IL}{IA}$	×	$\dfrac{IA}{TA}$	+	$\dfrac{CL}{TA}$
自用資產 貸款成數		自用資產 權數		融資比率		生息 資產權數		消費負債 占資產比

二、家庭財務結構分析：自用資產淨值與投資淨值

❶ 生息資產－投資負債＝投資淨值

❷ 自用資產－自用資產負債＝自用資產淨值

❸ 生息資產能夠生息、產生更高收益，因此，個人與家庭應提高生息資產之比重，讓資產增值速度較快，可有效達到各項財務目標。

❹ 儘量避免增加消費負債；不得已有消費負債時，一旦有

獲利來源，應優先還清該項消費負債；至於自用資產負債數額高低，應考量自身的還款負擔能力而決定。

❺ 短期償債能力＝（流動性資產／短期負債）理想值＞1

❻ 生活週轉金＝（流動性資產／每月薪資）

一般而言，生活週轉金大約預留月所得的 3 ～ 6 倍即可。

❼ 財務自由度＝（目前資產淨值 × 投資報酬率）／目前年支出。理想值＞1

收入支出狀況變動表之編製與分析

Ⓠ **每個月定期的收入與開銷等數字，也需要編表嗎？**

Ⓐ 相較於資產與負債表是用來顯示某一個固定時間點，個人／家庭的資產及負債情形，是一種存量的觀念，每個月的收入與支出則是一種流量的觀念，用來表達個人或家庭在某一段特定期間內，所有現金的流進與流出的動態紀錄表。

收入與支出狀況變動表因為變動頻繁，建議最少應每月統計記錄一次為宜。由於每天都會有支出數額，建議讀者朋友最好能夠養成每日記帳的習慣，如此一來，可以很清楚的知道自己的消費模式，不至於當發現自己快要成為月光族或者星光幫（指薪水在一個星期內就被分配光的族群）時，卻還不知道錢在無形中是花到哪邊去了。關於簡易的記帳格式及綱要，讀者可以參考第一天第二小時的內容。

而這張表，只不過是忠實地記錄自己收入及支出的流向而已；在登錄項目部分，有人將食、衣、住、行、育、樂分門別類記錄，也有人只是概括性地列示出一欄生活費支出的項目而已。換句話說，在編製這張收入與支出狀況變動表時，並沒有一定非得要有哪些科目不可，但應該以能夠清楚地將本身的收入跟支出項目區分出來為宜。畢竟，這張表的用處是協助自己瞭解現金的流進流出狀況，關係到後續有多

少存款餘額，能夠進一步地被規劃用來「創富」，因此，需要達到一定的精確度才行。

在編製個人或家庭的收入與支出狀況變動表時，需要先收集收入與支出的相關憑證與單據，這部分包括：❶薪資的收入額及預扣繳之所得稅、勞健保費（可以從薪資單上面查找到）。❷其他兼職的收入。❸理財收入的數額。❹當期已經實現之資本利得或損失。❺現金領取數額。❻現金消費支出數額。❼刷卡消費簽帳之金額。❽繳交信用卡帳單之金額。❾利息支出金額（還可以按照負債用途細分）。❿保費支出額等項目。

收入與支出之相關憑證與單據	
薪資的收入額，預扣繳之所得稅、勞健保費	現金領取數額
其他兼職收入	現金消費支出數額
理財收入的數額	刷卡消費簽帳之金額
當期已經實現之資本利得或損失	繳交信用卡帳單之金額
利息支出金額	保費支出額

至於一般常見發生於個人／家庭的收入支出表之明細科目列示於下，供讀者參考運用：

❶ 收入科目

　・薪資收入

　・佣金收入

　・租金收入

　・利息收入

　・已實現資本利得（損）：又可區分是從股票、基金、不動產等項目而來。

　・其他收入：機會中獎等。

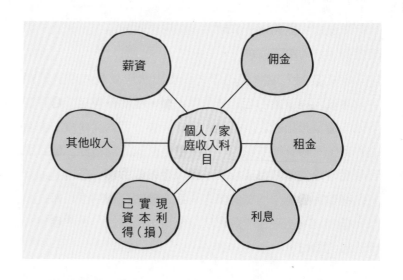

❷ 支出科目

- 家庭生活消費支出：可以按照食、衣、住、行、育、樂等項目區分
- 房租支出
- 貸款利息支出
- 所得稅或其他稅目：例如地價稅、房屋稅等
- 各項保費支出：產險保費及壽險保費等。
- 其他如補習費、孝親費等，可另定立科目。

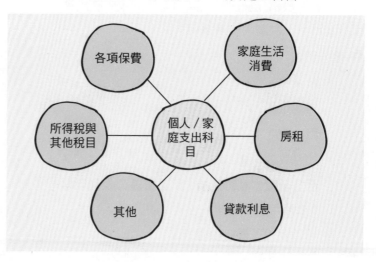

　　在列計前述各個項目的數字時，有幾點觀念要提醒讀者注意：

❶ **已實現及未實現的分法**：如果是已實現的資本利得，可以列計在「收入」項下；如果是已實現的資本損失，就需要放在「支出」項目底下。如果是未實現的資本利損，則應該列記在期末資產與淨值增加的調整科目，就不會顯示在收入與支出狀況變動表中。

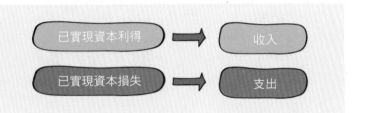

❷ **房貸及預付款**：如果是預售屋的預付款，需列計為「資產」科目；至於房貸的本金，是列計在「負債」科目；房貸利息則應列計在「支出」科目項下。

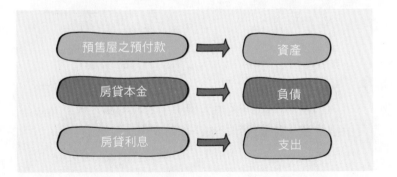

❸ **保費部分**：如果是產險的保費，應列計在「支出」科目；如果是以保障為主的保費，也是列計在「支出」科目；但是以儲蓄為主的保費，則應列計在「資產」科目為妥。

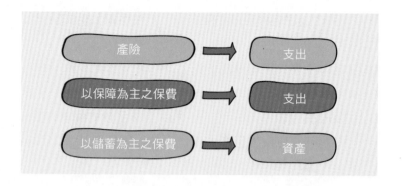

❹ **收入部分**；凡是薪資、佣金或是獎金等，係以人力資源創造出來的，可以分列在「工作收入」項下；房租、利息、股利及投資利得等，是以金錢或現有財產衍生出來的收入，則可以列計在「理財收入」項目下。

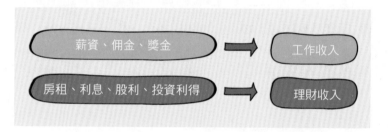

❺ **其它**：凡是食、衣、住、行、育、樂所衍生出來的開支，可以列計在「生活支出」項下；至於利息、保費、投資手續費等，則應該列計在「理財支出」項目下。

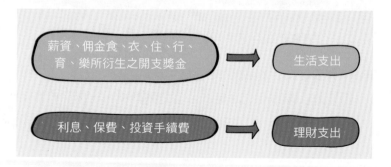

此外，這張表裡的各項數字，也有以下的關係：

❶ 工作收入－生活支出＝工作儲蓄

❷ 理財收入－理財支出＝理財儲蓄

❸ 支出比率＝總支出／總收入＝消費率＋財務負擔率

❹ 消費率＝消費支出／總收入

❺ 財務負擔率＝理財支出／總收入

❻ 自由儲蓄率＝（總儲蓄額－已經安排的本金還款或投資）／總收入

❼ 收支平衡點的收入＝固定支出負擔／工作收入淨結餘比率

❽ 可支配所得＝所得收入總計－非消費性支出＝消費＋支出

❾ 收入周轉率＝工作收入／資產＋理財收入／資產

❿ 淨儲蓄率＝年儲蓄額／年收入

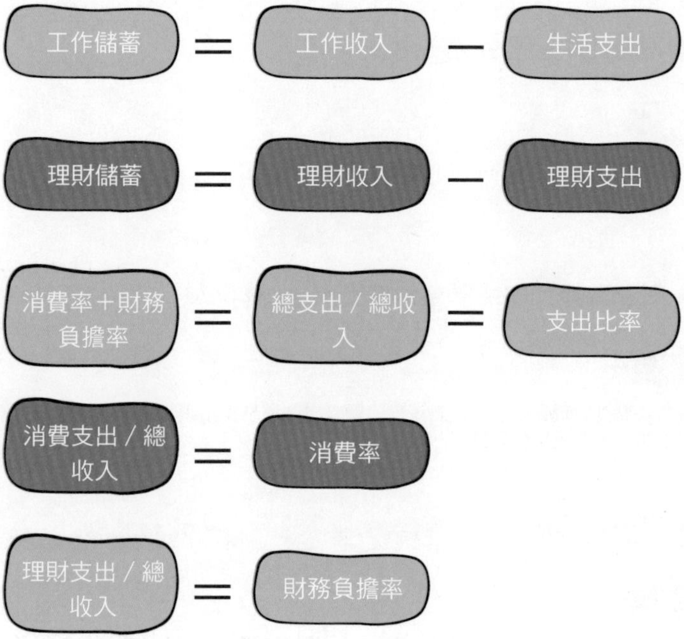

工作儲蓄	=	工作收入	－	生活支出
理財儲蓄	=	理財收入	－	理財支出
消費率＋財務負擔率	=	總支出／總收入	=	支出比率
消費支出／總收入	=	消費率		
理財支出／總收入	=	財務負擔率		

（總儲蓄額－已經安排的本金還款或投資）/ 總收入 ＝ 自由儲蓄率

固定支出負擔 / 工作收入淨結餘比率 ＝ 收支平衡點的收入

消費＋支出 ＝ 所得收入總計－非消費性支出 ＝ 可支配所得

工作收入 / 資產＋理財收入 / 資產 ＝ 收入周轉率

年儲蓄額 / 年收入 ＝ 淨儲蓄率

而我們一樣可以仿照公司的現金流量 / 綜合損益表的編製方式，另外計算出有關的財務比率如下：

❶ 支出比率＝總支出 ÷ 總收入＝消費比率＋財務負擔比率

❷ 消費比率＝消費性支出 ÷ 總收入

INFO

凡是日常生活例行性的支出，都稱為消費性支出。

❸ 財務負擔比率＝財務負擔支出 ÷ 總收入

INFO

財務負擔支出項目，包括稅款、保險費支出、利息支出與投資交易成本等；適用來與消費性支出作區隔。

❹ 自由儲蓄率＝儲蓄總額 ÷ 總收入

INFO

儲蓄總額是指總收入扣掉消費性支出，再扣掉財務負擔支出所得到的餘額。

❺ 理財成就率（淨值成就率）$= \dfrac{\text{目前的淨資產}}{\text{目前的年儲蓄} \times \text{已工作年數}}$

（當這個數值 ＞ 1 時，表示狀況良好）

❻ 資產成長率 $= \dfrac{\text{資產增加額}}{\text{期初總資產}} = \dfrac{\text{工作儲蓄}}{\text{期初總資產}} + \dfrac{\text{理財儲蓄}}{\text{期初總資產}}$

$= (\dfrac{\text{年工作儲蓄}}{\text{年收入}} \times \dfrac{\text{年收入}}{\text{期初總資產}}) + (\dfrac{\text{生產資產}}{\text{期初總資產}} \times \text{投資報酬率})$

❼ 財務自由度 $= \dfrac{\text{目前的淨資產} \times \text{投資報酬率}}{\text{目前的年支出}}$

（當這個數值 ＞ 1 時，表示狀況良好）

$=$（年儲蓄 $\times$ 已工作年數 $\times$ 投資報酬率）／目前年支出

重點 ▸ 如果靠著管理本身資產所產生的理財收入，「大於」每年的支出，那就代表你不必再為五斗米折腰，已經是「財務自由」了！

❽ 收支平衡點 $= \dfrac{\text{固定支出負擔} + \text{每月應有儲蓄額}}{\text{工作收入淨結餘比例}}$

INFO

工作收入淨結餘比例＝（工作收入－各項生活支出、稅、保費）／工作收入

❾ 致富公式 ＝淨資產成長率 $= \dfrac{\text{淨儲蓄}}{\text{淨資產}}$

$= \dfrac{[（\text{薪資或事業收入} - \text{生活支出}) + (\text{理財收入} - \text{理財支出})]}{\text{淨資產}}$

支出比率 ＝ 總支出 ÷ 總收入 ＝ 消費比率＋財務負擔比率

消費比率 ＝ 消費性支出 ÷ 總收入

財務負擔比率 ＝ 財務負支出 ÷ 總收入

自由儲蓄率 ＝ 儲蓄總額 ÷ 總收入

理財成就率 ＝ 目前淨值／（目前的年儲蓄 × 已工作年數）

資產成長率 ＝ 資產增加額／期初總資產 ＝ 工作儲蓄／期初總資產

＋ 理財儲蓄／期初總資產 ＝ （年工作儲蓄／年收入）×（年收入／期初總資產）

＋ （生產資產／期初總資產）× 投資報酬率

＝ 儲蓄率 × 收入週轉率 ＋ 生息資產比重 × 投資報酬率

財務白皮書 ＝ （目前的淨資產 × 投資報酬率）／目前的年支出

＝ （年儲蓄 × 已工作年數 × 投資報酬率）／目前的年支出

收支平衡點 ＝ 目前淨值／（目前的年儲蓄 × 已工作年數）

致富公式 ＝ 淨值成長率 ＝ 淨儲蓄／淨資產

＝ 〔｛薪資或事業收入－生活支出）＋（理財收入－理財支出｝〕／淨資產

全生涯現金流量表之編製與分析

Ｑ **什麼是全生涯現金流量表？又應該如何編製呢？**

Ａ 如果前兩張表都已經編製完成，接下來就可以搭配個人的理財規劃目標，進一步計算在個人或家庭的哪一個階段，需要支出某一大筆資金（例如購車或買房的頭期款等），而我們在支出這筆錢之後，會不會使當年度的淨值變為負值，或者是收入與支出狀況變動表成為入不敷出的狀態。

預先編製出這張表之後，就好比是獲得財務算命師的預言，至少我們可以提前知道，在未來的某一年我們會有資金缺口，缺額又是多少；我們因此可以儘早未雨綢繆、想出解

在 60 歲時：
換第二輛新車，貸款 3 年，每年須償還之本金逐漸減少，且案主本人於退休後，將會領到勞工退休一次金，所以當年度的本金增加，實質收益也跟著上升。
在 62 ～ 70 歲這個階段：
貸款本金逐漸償還完畢，所以可投資金額逐漸增多，實質收益也逐步由下往上升。

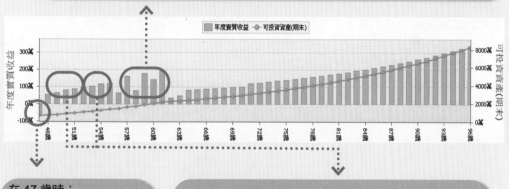

在 47 歲時：
47 歲支出的項目最多，主要是因為購車有貸款的關係，而且動用到原有的資產本金，所以當年度沒能有存款，還是資金短絀。

在 48 ～ 54 歲這個階段：
年度實質收益會逐漸上升，主要是因為保費陸續到期，固定支出金額逐年下降之故。
在 56 ～ 58 歲這個階段：
由於支給小孩結婚用 80 萬現金，所以本金減少，實質收益下降。

（資料工具為 KEYs 軟體整理計算）

決之道，使個人或家庭的財務不至於陷入困境。如此，就可以往富足人生的坦途更加靠近了。

我們在 P99 以假想的案例數字，套用至市面上某些財富管理軟體（本案例使用的軟體為精進財商股份有限公司所提供之 KEYs 軟體），可以得出如下的結果。我們再根據實際情況做一簡短說明。

當我們編製好這三張基本的個人／家庭財務報表之後，接下來就可以針對個人的風險屬性與各項財務目標的需求作衡量以及擬定策略，再運用適合自己的投資商品、保險或信託等，來成就個人的財富目標。

所以，接下來的章節就要說明如何擬定策略以及執行計畫，而在這些過程當中，我們應該注意的事項又有哪些。

心動也要行動！

今天是　　　年　　月　　日

我想投資的項目是　　　　　　　　　　，代號是

想買的原因是：

今天是　　　年　　月　　日

我想投資的項目是　　　　　　　　　　，代號是

想買的原因是：

混搭執行方法，達成各階段的財務規劃

小資男女可視情況先按「目標順序法」逐步達成目標，等到財務狀況較為寬裕時，再混搭「目標並進法」兼顧各階段的財務目標。

單元重點

- 擬定切實可行的策略，按照時程達成目標
- 目標順序法：按部就班完成各階段願望，注意時不我與的遺憾
- 目標並進法：按照比例，在每個時期分配相對應分量的資源於不同財務目標上
- 適當地交替運用這兩種方法，讓你的財務進入正向循環

擬定切實可行的策略，按照時程達成目標

Q 我已經盤點了本身目前的資產及負債狀況，接下來應該要注意的觀念是什麼呢？

A 財富管理既然是一種為了達到人生各階段的目標所建構而成的全方位理財規劃，包括理財計畫與執行、資產配置與交易、風險管理與規劃以及資產移轉與傳承等執行面，也不能偏廢而流於紙上談兵。

換句話說，即便你精心考量、宛如電影分鏡般，將人生各個階段的財務目標，都仔細計算、擘劃出萬無一失的財富管理藍圖，但是如果沒有付諸施行，終究也只是一份完美的計畫書，徒具形式而已。因此，在你用心盤點過現有的資源，也設定具體的財務目標之後，就要擬定切實可行的策略，以便按照時程達成目標。

而在利用現有資源、執行計畫的過程，就是所謂如何有

效率地進行資產配置。換句話說，資產配置要有效率，就是要學習如何做好個人或家庭所擁有的資金（源）分配。接下來，選定符合個人條件的「創富」工具，以儘早完成目標的過程。在這過程中，就是要找到適合個人風險屬性、再進一步地「將本求利」的金融商品或者投資工具。在找尋個人可承受風險程度之下的投資工具中，往往會發現，有時候重視「本」（本金的保全），那麼「利」（投資報酬率）就會少一些；而重視「利」，那麼不保「本」的機會就會大一些。

關於如何運用投資工具做好資產配置，我們會在第三天援引實例，為讀者進一步的說明。在這之前，我們要先分辨達成目標的「目標順序法」與「目標並進法」兩種方法之間，有什麼分別。

目標順序法：按部就班完成各階段願望，注意時不我與的遺憾

Q 想要完成人生各階段的願望，我們要採取目標順序法嗎？

A 所謂目標順序法，就是將前面所提到的，所有人生目標都羅列出來，然後按照距離現在時間的遠近，分成短、中、

長期的順序，循序完成。

　　例如，大家心中都會有許多的「心願」：想要辦一個夢幻婚禮、生兒育女、築巢計畫、買房車趴趴走、到國外旅遊增廣見聞、及早得到財務自由、從職場退休、籌措子女海外留學教育金等。對於一般人而言，這些人生夢想所需耗費的資金為數可觀，不可能一蹴可幾，是要分階段才能完成的。

　　如果我們將其粗略劃分為短期、中期、長期三個階段來完成這些人生夢想的話，那麼想要完成的目標順序可能會是：先籌劃夢幻婚禮所需要的結婚基金；趁著蜜月先來一趟國外旅遊；先過一段兩人歲月之後，再準備生兒育女；為了接送小孩方便，買一部車子；兩人精打細算籌到買房子的頭期款，步步為營地付清房貸；再來是為子女的高等教育金作打算；最後則是準備自己或配偶的退休金。

　　我們按照順序，花了兩年、三年的時間，先把所有的錢存下來，準備結婚、出國蜜月旅行，完成了成家這一個理財目標。接著，努力工作所存下來的錢，是預備用來生小孩、買車子的頭期款。再來，就要開始更加積極開源節流，存錢買房子、繳房貸，還有不讓自己變成「下流老人」的退休基金了。按照先後會遇到的人生大事順序，安分守己地依序完成各項理財目標，這就是所謂的目標順序法（如下圖）。

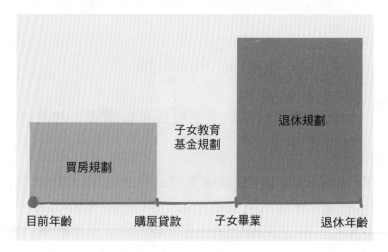

　　目標順序法的優點在於集中個人或家庭有限的資源，全力達成最近期的財務目標，等行有餘力時，再來逐步依序完成下一個目標。這種方法比較符合一般人的理財習慣，也就是先關注解決近在眼前的目標，之後再推而廣之，去完成更長遠的夢想。然而，這種專注在解決近憂、缺乏遠慮的做法，相對也會因為經常事與願違的環境，以及人們畏苦怕難的情結之下，蹉跎了中、長期重要且不可逆的財務目標，例如退休基金的規劃及籌措。

Q 為什麼採取目標順序法，容易蹉跎中、長期重要且不可逆的財務目標呢？

A 因為以目標順序法作為完成理財目標的民眾，通常會將完成該目標所需金額較小的「願望」擺在前面，把金額較大、較費功夫才能完成的目標排在後面，而不是做完通盤考量之後，再來決定何謂短、中、長期目標者。然而，既然愈往後面的目標愈需要更多的預算金額，或者也許需要更長的時間才能準備妥當，你卻把這些需時更長、耗資更鉅的目標遞延往後完成，這是不是跟我們小時候在寫暑假作業時，總是把簡單的先完成，那些書法、遊記寫作等比較複雜、比較難的作業，非得等到開學前夕才來急就章地應卯完成，是一樣的做法？那樣的作業品質如何，也就可想而知了！

　　但是，漫漫人生裡的各項「作業」，卻不能夠像寫暑假作業一樣，可以賴皮、可以後悔重來的。有些目標的完成時間，主觀上縱使你可以想要遞延，但在客觀情境下卻容不得你多所延遲時——例如子女的高等教育金準備，一旦屆臨入學繳費期間，是沒有辦法商量將註冊時間延後的；還有，當你屆齡退休或者因病要告老還鄉時，得要有一筆退休金在。如果這些目標所需要的資金不足，萬一「跳票」該怎麼辦？小孩的高等教育也許可以延後完成，但是，在退休當下才發現沒有足夠的退休金準備時，你又該如何自處呢？

因此，採取目標順序法雖然可以按部就班地完成人生前面幾回的目標，但是，如果沒有好好考慮配置有限的資源，可能會造成那些預算金額較小、但相對無關緊要的小目標，一直被重複地完成（例如旅遊），因此排擠了應該要有比較多的預算、準備期要比較久的財務目標（例如前面提到的子女教育金、買房子的頭期款，甚至是退休金準備等）。如此一來，真正重要且不可逆、不可或缺的人生目標，隨著歲月流逝，再也沒有足夠長的時間和足夠多的資源，去滿足這些更加重要的人生目標了。結果，一幅幸福美好的人生藍圖，到頭來只能夠彩繪局部，豈不令人感到遺憾？

　　因此，採取目標順序法來落實理財規劃，雖然能夠給人循序漸進的從容感，但如果資源調度不均，資產配置沒有做好的話，恐怕會有捨本逐末之憾。尤有甚者，如果為了勉力完成既定的這些人生大型的財務目標，在年紀已大、理當保守行事的中壯年時期，竟去鋌而走險，追求高風險、高報酬的投資策略，企圖行險以求僥倖（比方說將近60歲了，擔心退休金不夠多，就把僅剩的緊急預備金拿去買連動債或是高收益債等），萬一又遇到類似金融海嘯、黑天鵝來襲等亂流，那些原本就已經所餘甚少的本錢，可能會在一次的賭注之下灰飛煙滅。接下來後半輩子的生活費，又該著落在誰身上呢？這是把目標順序法當作主要策略的投資朋友們不得不注意的地方。

目標並進法：按照比例，在每個時期分配相對應分量的資源於不同財務目標上

Q 為了避免老來流離失所、晚景堪憐，有什麼另外的做法嗎？

A 有別於前述的循序漸近、按部就班完成人生各階段的財務目標，有另外一種落實理財規劃的方式，叫做「目標並進

法」。所謂的目標並進法，是將所有人生短期、中期、長期打算完成的各項財務目標總金額統整出來；這筆金額很龐大，不能像前面所提的目標順序法那般逐步完成，而是要從現在起，在每一段時期都勻出一定的資源來滿足前面各項不同財務目標。

　　例如，你希望在五年後換新車，七年後買房子，20 年後要過安穩的退休生活。如果你將這三大財務目標按順序逐年一一完成，就是前面提到的「目標順序法」；但如果你是同時將這三者所需要的總資金進行預算規劃，按照比例，在每一個時期都分配相對應分量的資源到不同的財務目標上，那就是「目標並進法」（如下圖）。

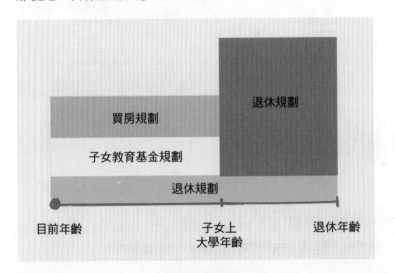

Q 目標並進法的負擔會不會比較重？

A 目標並進法的做法，是不管你每一年或每一期的總收入是多少，都要在總收入當中，為所有的財務目標提供一定比例的預算，再分成不同的專戶提存下來。如果完成該項財務目標的時程比較久，也就是可以用比較長的時間規劃達成的目標，就可以編列比較少的預算（比方說籌措退休基金，因為距離現在的時間比較久遠，攤提的時程比較久，所以可以

編列較少的預算在退休金準備）。相反地，如果是近在眼前、迫在眉睫就需要完成的財務目標（例如想在 30 歲前結婚生子，距離現在就是比較近的財務目標），由於能夠準備的時間相對較短，就必須要編列比較多的預算在該目標上。

　　這種方法必須要將未來不同時期的各項財務目標總需求金額，全部折現到目前這個時間點，因此需要有較為精確的現金流量分析。關於這部分的計算，除了可以使用財務決策模擬系統軟體求得相關數字之外（如下圖），也可以使用坊

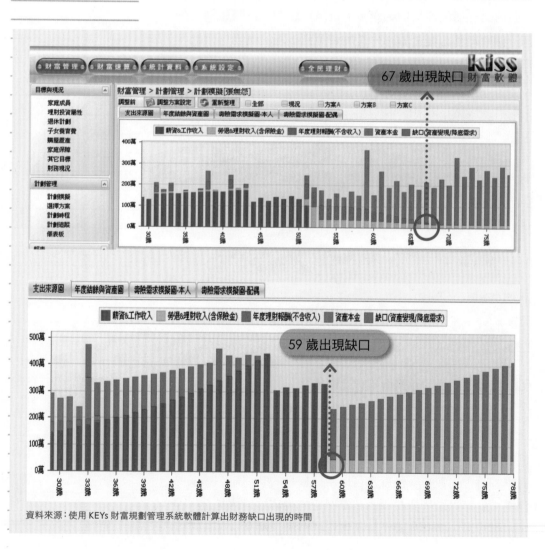

資料來源：使用 KEYs 財富規劃管理系統軟體計算出財務缺口出現的時間

間販售的財務計算機，在輸入各項假設參數後，求得相對精確的參考數字。之後，再就你目前的總收入，按照比例進行分配。

　　如果目前的總收入足夠分配到各種財務目標，那麼循此步驟重複地進行下去，就可以得出各個年度所需要準備的預算金額。相反地，如果有哪一個年度的總收入不夠分配的話，就要針對各個目標重新檢討並提出解決方案。解決方案可以從三個面向著手：積極地針對不足數，進行開源、創造金流，彌補缺口；或者是消極的節流，省下不必要的開銷；再不然，就是調整目標——包括降低完成目標所需之金額，或是延長完成目標所需之年限。

適當地交替運用這兩種方法，讓財務進入正向循環

Q 為目標並進法比較適合哪些人作為理財規劃的執行策略？

A 目標並進法的優點，是用類似分期付款的方式完成各項財務目標，因此所需的時間較為充裕；而且也因為時間拉長了，可以適當地選擇投資工具，透過複利效果，逐一滿足各項財務目標。再者，因為各個財務目標可供準備完成的時間也比較長，就增加了較多的彈性；萬一遇到突如其來的變故，也能夠從容地調整目標。而其缺點則是，短期間各項目標同步在進行，沒有單一項目是已經完成的，可能較沒有成就感，較不符合一般人只重視或者先完成近期目標的習性。另外，根據上面的解說，我們知道這種方式所需要的數理基礎會較為繁複，在投資組合的規劃上也相對複雜些，一般人若想要以此方式來完成自己的財務目標，就需要有較具金融專業知識的理財顧問從旁協助，會比較容易進入狀況。

　　由上面的介紹可知，如果我們在規劃、完成財務目標時，適當地將這兩種方法交替運用，會是比較有彈性的做

法。如果你是屬於財力雄厚、資產豐沛者，那麼「目標並進法」可以藉由配置存款、股票、債券、不動產等各項投資工具，達成最大的創富效果，同時讓你完成多項財務目標。但假使你目前的財力不夠充足，而且習慣是一項一項財務目標慢慢地完成，可以先就如何達成短期目標為方向，開源、節流雙項並行；等到手頭較為寬裕、有多餘的資產時，再來規劃處理長期的目標；這時候，也可以逐步採取「目標順序法」的執行方式，會讓自己更有成就感。

　　但就小資男女上班族，或者家無恆產、短時間也沒有繼承財富者，可能會在某一段時期面臨前面所提到的資金不足的窘境。因此，如何逐步增加收入（開源），或者減少不必要的開支（節流）以提高可供創富的餘額，進而藉由複利滾存的理財報酬，讓財務進入正向循環，便是這時候另外要考量的方向。而這也是我們要積極地提升理財知識力、學習架構投資組合的道理了。有關如何運用既有的金融商品做好資產配置的實務策略，我們會在第三天有詳細的說明。

心動也要行動！

今天是 　　 年 　 月 　 日

我想投資的項目是 　　　　　　　　 ，代號是

想買的原因是：

今天是 　　 年 　 月 　 日

我想投資的項目是 　　　　　　　　 ，代號是

想買的原因是：

照本宣科，不必擔心遇到經濟亂流

市況無常、難以預測，讓你計畫趕不上變化？只要編列預算、按圖索驥，財務規劃不迷航！

單元重點

· 家計預算編製的程序與要點
· 家計預算的控制
· 預算與實際數的差異分析
· 家計預算編製的程序與要點

家計預算編製的程序與要點

Q 這幾年市況多變化，國內外的政經環境總會讓我們在執行財富規劃時，遇到亂流、航向失準。這時候，我們還可以有什麼因應的策略嗎？

A 由前面幾個單元的說明可以知道，在執行財富管理規劃的過程當中，總是會有出乎預料之外的狀況產生。有可能是因為經濟不景氣，造成自己的收入銳減，或者是因為投資失利而讓資產減損。因此，得要讓自己多保留一點財務運作的彈性空間，隨時因應市況的變化，機動調整自己的目標及策略。而為了避免在面對不可知的變化時不至於慌了手腳、造成生活失序，學會擬定預算、照章行事，有助於讓自己在多變的經濟環境中，多了些許篤定。

Q 家庭的財務預算編列方法，跟公司行號的預算編列一樣嗎？

A 一般人的家計預算，雖然不像公司的帳冊設有很多的科目那麼複雜，但是，面對日常生活中的柴、米、油、鹽、醬、醋、茶、水、電、瓦斯、食、衣、住、行、育、樂等費用的

支出，品項也是不少的；縱使家庭跟公司的複雜程度不能相比，但是，它們援引的財會觀念是可以互通的。而我們在編製家計預算時，如果可以掌握以下要點，會讓自己的家計預算編列地更有條有理、更有效率：

☆ 步驟 1　設定各項理財目標的預算值

前面已經提過，我們終其一生會有各項大大小小的財務目標需要完成；小者可能是出國旅行，大者可能是購屋置產。因

此，我們在編列預算時，也可以先粗略地劃分、計算，如果
要達到短、中、長期各項的目標，需要準備的金額大約是多
少？又大概需要多久的時間準備？何時完成？先抓出這些數
額，我們就有了具體的方向及目標，可以讓我們後續的規劃
與執行更加順遂。

☆ 步驟 2　預測年度收入

前面第一個步驟，我們已經約略估算出來，人生裡的各項
短、中、長期的財務目標，分別在什麼時候、需要多少預算
才能完成。那麼這些各個階段的財務支出，可有哪些相對應
的收入來源，不至於讓夢想流於空想？所以，接下來我們就
是要找出完成這些財務目標的財務來源。

　　一般的上班族，由於收入來源單純且固定，應該在年底
做明年度的規劃、本月底估算下個月的開支時，就可以預估
整年或整月的收入；這個收入數字，應該跟實際數字相去不
遠。至於沒有固定月薪，是靠著佣金或業績獎金收入的上班
族或者是自營工作者，可以參考過去三到五年的平均收入，
作為估算的基礎，再做出最好與最壞的情境分析，來預估下
一個年度或下一個月的收入會有多少。有了這個收入的數
字，會讓我們在做財務目標時，不至於天馬行空、好高騖遠，
而導致入不敷出。

☆ 步驟 3　算出年度支出預算目標

**Ⓠ 有了階段性的財務目標以及階段性的財務收入之後，接下
來還要考慮什麼呢？**

Ⓐ 有了前面第二個步驟的預算收入數值之後，接下來，再
參考第一個步驟中各個階段的財務目標；如果我們打算完成
各個階段的財務目標的話，那我們得要預先存下多少錢，才
不至於讓夢想遙不可及？比較之下，我們才能夠知道每年約

當可以支配的所得有多少。這也就是前面曾經提到過的觀念——「先存再花」的一種體現。先存再花的方程式如下：

$$年度收入 - 年度儲蓄目標 = 年度的支出預算$$

☆ 步驟 4　將預算分門別類

Ｑ 知道可以花用的金錢上限值，就可以少掉很多無謂的開銷了……

Ａ 這也是避免成為月光族或者是星光幫的一個好方法；保有這些可支配所得，還可以讓我們找到更有效率的資產配置所需的本金。而為了讓預算規劃化繁為簡，我們可以進一步地將預算分門別類；而在編製預算時，可以搭配前面所提到各階段的財務目標，看是按月或按年編制較為簡便。

　　首先，我們先介紹如何幫預算分類。一般分類的邏輯，可以按照「功能性」來劃分，也就是這筆錢的來源或用途。例如我們可以將資金分成以下四大類：

❶ 收入預算：指的是我們的收入來源來自於哪些面向。可以分成經常性的（例如每月固定的月薪）以及非經常性的（例如加班費、績效獎金、年終獎金等）。

❷ 支出預算：指的是錢的開銷或用途。可以分成這些支出是可控制的（就是例行性的生活開銷）、不可控制的（就是突如其來的開銷，例如應酬，紅、白帖支出等）。

❸ 資本支出預算：這個分類科目是仿效公司行號理財中，那些金額較為龐大且不常有的支出項目、但效益及於數年的開銷，例如家電用品——冰箱、洗衣機、電腦設備等突然壞掉需要換新；或是房屋修繕支出等項目，都可以歸類在此一科目當中。

❸ **儲蓄運用預算**：為了及早達成各項財務目標、躋身財富自由，我們當然需要編列投資、理財所需要的資金預算了。

資 金 來 源		
收入預算	經常性	每月固定的月薪
	非經常性	加班費、績效獎金、年終獎金等
支出預算	可控制	例行性生活開銷
	不可控制	突如其來的開銷，例如應酬，紅帖、白帖支出等
資本支出預算	金額較為龐大且不常有的支出項目、但效益及於數年的開銷	例如家電用品需要換新、房屋修繕支出等
儲蓄運用預算	投資、理財所需要的資金預算	

Ⓠ 有沒有方法可以分辨哪些費用該列計在一般支出或資本支出呢？

Ⓐ 為了將支出適當地分類，是有必要分辨如何將費用列計在一般支出或資本支出的。同樣一筆錢開銷出去，在公司理財當中，有分成是一般的費用支出或者是資本支出；在一般的家庭或個人理財中，區分的原則在哪裡呢？我們簡單提供兩項基本原則，供讀者在區分是為費用支出或是資本支出時之參考。

❶ **以「效用長短」為分類原則**：如果這筆開銷在支出之後，所能獲得的效用是在短期內就可以顯現出來，則可以列支為費用；若是在未來三年（甚至於更久）仍然能夠持續地提供效益的話，則建議列為資本支出。當列為資本支出時，在前面我們曾經提到過的資產負債表上，還因此而會有自用資產的增加。

❷ **以「金額大小」為分類原則**：前面提到的分類依據是以
效用長短做為分類原則，但實際上有些支出項目（例如
小家電等）雖然可以使用的期間超過三年，但由於其金
額不大，或者未達一定的標準以上（例如可以設定 5000
元或收入的 5% 等），這時候考量記帳的成本效益，仍
然可以直接將其視為費用支出，以方便記帳。

　　有了上述基本四大方向的預算之後，接下來，我們應
該要將年度的收入、支出及儲蓄預算盡量適切地分到各個月
分；而且每個月在記帳時，記帳的科目也需要與預算的科目
相同，以方便比對執行的效率如何，並進一步地調整運用資
金的方式，讓自己可以跟財務目標更接近。

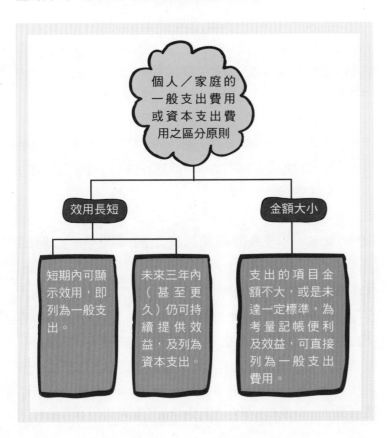

☆ 步驟 5　善用信用卡調節差額

Q 有時候貪求小確幸，總是會有超支或與預算差距拉大的時候，這時候有沒有什麼撇步，可以暫時調節一下帳目、多一點彈性呢？

A 當下個月預估會有額外的收入，而本月出乎意料之外有額外的支出時，為了不讓自己的生活過得太過拮据而沒有品質，還是可以偶爾放縱一下，預支一下未來的消費。遇到有透支的情況時，可先使用信用卡支應該筆開銷，務必要讓本月仍有足夠的現金結餘款供做投資，不要中斷「創富」的成效；等到下個月的額外收入進來之後，再用這筆錢去繳付信用卡帳款。因此，當發生了前後兩個月現金流量不平衡的情況時，可善用信用卡延期支付的功能，增加一點理財彈性。

　　但是要提醒讀者朋友的是，這種寅吃卯糧的情況，不能養成習慣；特別是信用卡循環息的利率高得嚇人，有些利率甚至高達二位數以上！十多年前的雙卡風暴讓很多年輕人不僅背負鉅額卡債，甚至於瀕臨破產邊緣，因此，使用信用卡預支消費，應該謹慎為之！如果是理財透支（例如繳交保費、定期定額扣款）而不是消費透支的話，對於財務目標的達成，較不會有負面效果。

☆ 步驟 6　當收入的時間與支出的時間不一致時的處理原則

Q 有時候收入與支出的時間不一致時，應該怎麼調整帳目呢？

A 可以分成兩種情況來說明。若是發生收入在先，可能的支出在後，可以把收入先放進定存，或者放在貨幣型基金，當作資金的停泊站；之後當支出確切發生時，再將定存解約，或者是贖回貨幣型基金作為支應的來源。若是支出項目先發生了，但是相對應的收入尚無法入帳時，可以考慮利用短期的銀行貸款或者是保單質借先行週轉，平衡收支的時間

差異。就跟前面的步驟五提到的一樣，儘量不要讓支出項目先發生，以免富足人生尚未達成，卻先搬演負債人生。

最後要提醒讀者朋友們注意的是，這種收入與支出發生在不同的時空背景，在編列年度預算時，是很容易被忽略的；也就是說，不要忽略某些支出的決策點是在過去，現在只是履行過去承諾的項目。這些項目包括購屋貸款、每月需要繳交的房貸利息及大廈管理費（若干年前買的房子，開始背負的房貸）；還有買保險後，每年要繳的保費（若干年前買的人壽險或醫療保障）等。諸如此類的支出金額多半是固定的，但因為這是過去年度所做的規劃，卻需要在爾後的年度定期提繳的支出，往往在當下編列預算時，很容易就忽略而沒有提存；因此，在編列年度預算時，必須要將這些項目列計進去預算表中，以免造成資金缺口而難以因應。

我們將上述預算的分類要點整理成下表，提供給讀者們參考。

關於預算的分類

資　金　來　源	收入預算	可控制支出的預算	不可控制支出的預算	資本支出預算	儲蓄運用預算
年度預算項目	年終獎金、紅利及現金股利等。	國內外旅遊、子女教育費用、車輛固定維修保養費、各種例行性的稅目等。	突發性的開銷、個人綜合所得稅等。	購車、大型電器用品、購屋訂金、自備款等。	儲蓄型保費支出、提前償還的房貸、單筆的投資項目。
每月例行性的預算項目（收入與支出）	薪資、利息、房租、管理費等。	餐費、菜錢、美容美髮、水電費、油錢、車資、娛樂費用等。	房租支出（因應房東調漲）等。	購屋置產、買車之分期付款等。	定期定額投資、還房貸本金等。

每月預算編列釋例

資 金 來 源	預算基礎	預算金額	實際金額	差異額
收入				
薪資收入	稅後收入	110,000	115,000	＋5,000
費用				
家計支出（食）	收入的15%	16,500	18,000	＋1,500
家計支出（衣）	收入的5%	5,500	7,000	＋1,500
家計支出（住）	收入的10%	10,000	10,000	0
家計支出（行）	收入的10%	11,000	12,000	＋1,000
家計支出（育）	收入的5%	11,000	8,000	－3,000
家計支出（樂）	收入的5%	5,500	7,000	＋1,500
家計支出（醫療）	固定金額	5,500	2,000	－3,500
家計支出合計		65,000	64,000	－1,000
利息支出	本利攤還計畫	18,500	18,500	0
月支出合計		83,500	82,500	－1,000
月儲蓄		26,500	32,500	＋6,000
還房貸本金	本利攤還計畫	7,500	7,500	0
子女教育專款儲蓄	定期定額基金	5,000	5,000	0
退休金專款儲蓄	定期定額基金	10,000	10,000	0
自由運用儲蓄		4,000	10,000	＋6,000

家計預算的控制

Q 編列好預算之後，要如何執行與控制家計預算呢？

A 在編列完成家計預算表之後，接下來，就是要注意在執行層面的控制與差異的分析要領了。關於家計預算的控制，有幾點需要注意，首先是關於預算的控制要點。

由於現在的消費管道眾多，不管是實體商店或虛擬商店、線上或線下的購物網，商人無不窮盡洪荒之力，想搶攻你的荷包，因此，大部分的人就算編了預算，總是還會有些

不在預期之內的支出會發生；如果不多所克制，超支就會成為常態，久而久之，也會讓編列預算形同具文，發揮不了預期中的效果。因此，在控制預算的要點中，第一點，也是最重要的一點，就是要先知道需要與想要的差別！這點雖然已經是老生常談了，但是，如果放任自己的小確幸心態一再地作祟，任意買進不在預算之內的東西，那麼入不敷出、寅吃卯糧的事情，肯定會週而復始的發生。可別忘了理財的第一個階段就是存富，也就是先存下第一筆資金，之後才能將這第一筆資金發揚光大，朝向你的各項財務目標邁進！

接下來，為了有效率地控管開銷，以及將結餘款存下來專款專用、避免任意花用，建議可以開立三個專門帳戶，既可以明確控制收支情形，也可以確實掌握資產負債的變動狀況。而這三個專戶可以分別用來支應定期定額投資、房貸本息（或者是因應大額開銷的支出等）的支出、例行性生活開銷等。如果你的狀況較為特殊，也可以斟酌增減帳戶的開立，以符合你各階段財務目標的達成。

預算與實際數字的差異分析

Q 有了預算，是不是還要跟實際的支出數字相比？如果要分析其間的差異項目，有什麼應該要注意的嗎？

A 由於市況多變，計畫趕不上變化的情事，就會多所發生；而當差異發生之後，勇於面對與調整，是讓自己不偏離財務規劃軌道的不二法門。至於所謂的面對與調整，就是將預算與實際值做一個差異分析。在做差異分析時，有幾項要點需要注意：

❶ 總額差異的重要性大於細目差異。

雖然大多數小資男女的支出項目不至於太過複雜，但畢竟時間寶貴，在檢討實際值與預算值的差異時，可以秉持抓大放

小的概念;也就是先見林、再見樹。先從總額的差異數看起,如果相差不多——例如總金額相差個數十元或數百元,就不用再殫精竭慮地窮追不捨了。

❷ 要訂出追蹤的差異金額或比率門檻。

前面第一點提及的抓大放小的概念,是著眼於成本效益的考量。因此,我們在分析之前就得要先定義清楚,怎樣的金額算是大額,值得花時間進一步去解析。而除了訂出絕對金額之外,有時候還可以訂定出比率門檻,當差異值超出這個比率門檻時,自然也得要檢討錢是花到哪裡去了?

❸ 依據預算的分類來個別分析。

除了前述這兩種分析方式之外,也可以依據預算的分類,進一步地做差異分析。這樣做的好處,是可以瞭解自己的消費模式是不是有特定的偏好?自己的消費行為有沒有必要做一些調整?藉助於 Excel 的樞紐分析功能,將可以瞭解個別項目應該如何花費會更有效率。

❹ 落實改善方略。

前述的方法是差異分析的幾個要點。但執行差異分析最重要的,是要落實與改善找出來的缺點,如果沒有付諸實行去調整消費支出模式,那終將流於紙上談兵而白忙一場!至於可以如何檢討改善呢?建議在剛開始做分析時,若差異很大,應每月至少選擇一個重點項目開始改善;在一開始發現差異時就積極改善,效果會是最好的,免得漏損愈來愈大時,想要亡羊補牢但為時已晚矣!最後要提醒讀者們注意的是,如果實在無法降低支出,那麼就必須要設法增加收入,想辦法讓缺口變小。

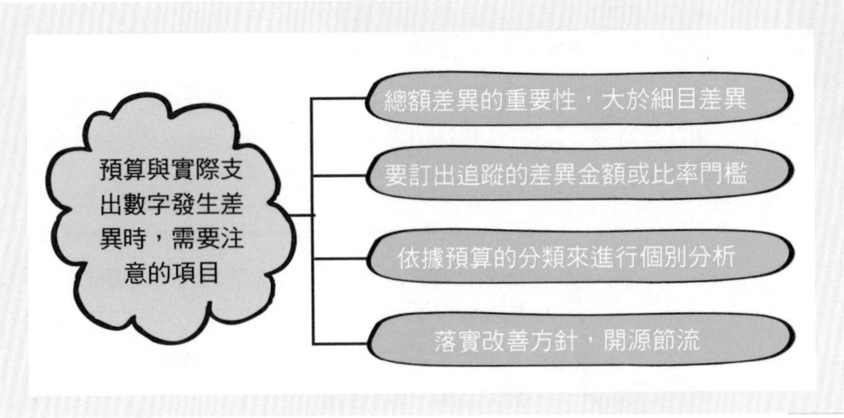

預算與實際支出數字發生差異時，需要注意的項目

總額差異的重要性，大於細目差異

要訂出追蹤的差異金額或比率門檻

依據預算的分類來進行個別分析

落實改善方針，開源節流

投資組合管理

需要、想要，誰重要？落實加上定檢、調整，是達標的不二法門！落實執行方案是達到各項財務目標最重要的一環，但仍必須將生涯規劃定期檢視、調整，才能及早財富自由。

單元重點

- ・問路也要看路，不然只是白問而已：定期檢視理財規劃
- ・定期將生涯規劃搭配景氣循環作檢視
- ・關注市場，專注價值
- ・善用網站資源，汰弱留強
- ・不熟的投資工具，暫時別納入配置的組合

問路也要看路，否則只是白問而已：定期檢視理財規劃

Q 有了預算，也開始著手執行經過資產配置後的方案了，接下來的步驟是什麼呢？

A 落實執行方案是達到各項財務目標最重要的一環。而不管打算採取的方案是積極地「開源」（除了增加勞務所得之外，也可以提高理財所得，例如投資股票或是基金等，具體的投資策略，詳見本書第三天的內容），還是消極地「節流」（省去不必要的開銷），都需要定期檢視這些執行方案的成效如何。

首先看到消極的「節流」，這指的是省去「不必要」的消費；至於是不是屬於「不必要」的消費，可以從該種消費項目是「需要」或者是「想要」來界定參考。當然，有些項目是當下不需要，日後就成為必需品了。例如，原本的智慧型手機壞了，基於需要，你必須買一支新的手機。可是剛換沒多久，更新、更炫的旗艦機又上架了，這時候，如果你打

算再換新手機，那麼這筆消費就是「需要」跟「想要」的差別了。

 消費前先自問：這一筆購物是出於「需要」還是「想要」？把錢花在刀口上，避免養成經常性透支的習慣，導致入不敷出，離理財目標愈來愈遠！

然而如果只是省吃儉用、節衣縮食，光是靠著「省」字訣，是省不出你的美好人生的——試想，如果理財只是講求一味的省錢，難道你想達到的財富自由是想要平常痛苦地過日子嗎？如果不開源，光只是靠著「節流」，是一輩子沒辦法變富有的。

接下來，我們看看「開源」。社會上普遍都認為，由於經濟結構的問題，實質薪資是倒退的；換句話說，薪資的成長幅度低於物價的上漲幅度，於是就有薪資變少了的感覺。在「凍薪」時代（薪水增幅有限），很多人就希望能找份兼差的工作，提高收入。但是人浮於事的情況沒多大改變之前，也許能找到一份計時的兼差工作，就差強人意了；然而計時的工作能讓收入增加的幅度畢竟有限，因此，有人會想到要靠著理財提高收入。但是理財之前，我們在前文提過，你一定要先提升自己的理財知識力。不過，藉由投資工具提高收入，也是需要定期檢視績效的；不管是投資股票或者是基金，都會因為景氣的變動，連帶讓你的投資組合績效有所起伏。

定期將生涯規劃搭配景氣循環作檢視

Q 要如何定期檢視財富規劃呢？

A 經過了實際執行初步的財富規劃方案之後，經驗告訴我們，無論經過如何精密的布局，現實情勢的發展往往與事前計畫再執行的結果不一致。主要的原因來自於現實的每個環節總是存在不確定的因子，在眾多不確定性交互影響後，便成了決策風險，所謂「失之毫釐，差之千里」，正貼切地形容我們在進行財富規劃時所面臨的風險。因此，除了周詳的規劃之外，我們還需要定期的檢視、評估，加上不斷修正之後，才能夠更貼近於本身的財務目標。如果能夠搭配主客觀的景氣循環以及個人不同生涯規劃的改變，加以因應調整，相信這個量身打造的財富規劃藍圖，一定會讓生命更精采。

簡單的做法是定期將生涯規劃搭配景氣循環作檢視。這是因為雖然景氣循環是週而復始的，但是各循環週期卻沒有一定的期間；此外，之前百年難得一見的金融海嘯、主權債務危機等事件，連多數的投資專家都沒有辦法事先預測、事先規避，再加上你選擇的基金有可能因為長期操作績效太差，被迫清算、解散或和某些基金合併。上述這些情況都會讓你手上的部位受傷、產生損失。

 重點 定期檢視目前的景氣和生涯規劃，隨時視狀況調整，才能更貼近你的財務目標。

所以，為了避免自己投資的部位（例如基金）因為景氣循環週期過長，沒能在預期時間達到自己的理財目標，定期檢視基金績效是必要的。每季到每半年之間，就要找時間審視、關心一下自己的投資部位；而當基金績效不如預期時，壯士斷腕可以讓自己免於陷入持續虧損的窘境，以及基金被迫下市或與人合併的下場。

關注市場，專注價值

Q 除了定期檢視自己的財富管理計畫之外，有沒有哪些情況出現時，也必須要特別注意？

A 除了我們在第一天所提到的，當生涯出現轉折、財務目標改變時；或者你所能夠承受的風險程度和現金流量改變時，需要回頭檢視既定的財富規劃之外，如果你已經開始將部分資金分配到各種金融商品，那麼你還得注意以下的幾種情況：

⭐ 情況 1　市場趨勢「由多轉空」

當初雖然經過深思熟慮，才將自己辛苦的血汗錢投入市場，但是投資朋友還是務必定期檢視你所投資標的之市場正處於景氣循環的哪一個階段，以及市場未來的變動狀況如何才好。當所投資市場的景氣處於高峰時，就應該考慮開始逢高獲利了結，並逐步轉入固定收益型的商品，例如債券或貨幣市場基金。

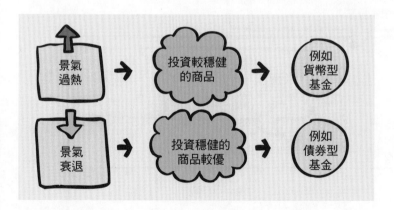

一般來說，在景氣過熱階段，投資朋友應該開始考慮將原本放在風險或波動性較高的部位（例如股票或股票型基金等），轉入較穩健的商品（例如貨幣型基金），以防止一旦投資標的價格由高檔滑落時，慘遭高檔套牢。而當景氣處於

衰退階段時，較為穩健的商品（例如債券型基金）是優於股票型基金等風險較高的選擇。因為此時，大多數上市公司的盈餘將嚴重衰退，股市極有可能仍將持續探底及調整，投資人持有股票型基金的風險是較大的。

但由於在景氣衰退時期，貨幣主管當局（通常是各國央行）反倒會逐步放鬆銀根、引導利率走低以刺激景氣。此時，投資人如果轉進固定收益商品（例如債券型基金），除了可以鎖定固定利息收益外，隨著債券的殖利率下跌、價格上揚，還能享有資本利得的收益。

如果搭配景氣循環的周而復始，那麼在「景氣谷底」、「景氣復甦」以至「景氣擴張」三個階段，都是以「投資股票／股票型基金」最為合適。不過在實務操作上，由於一般投資朋友很難精準掌握景氣谷底在何時出現、又會延續多久

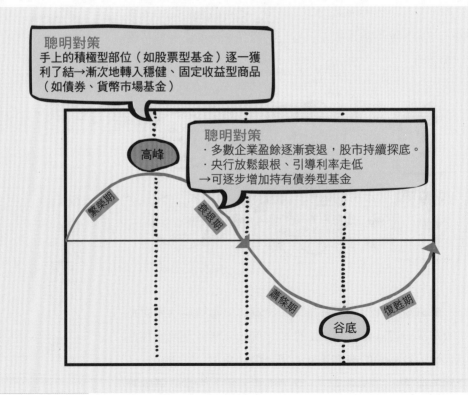

的時間，因此，還是建議採取以下提醒的資產配置做法，避免過於頻繁地更換投資標的。

⭐ 情況 2　注意市場瀰漫「觀望」或「保守投資」的建議

通常，市場的投資專家並不會隨便要投資人出場。但是，如果不太看好某一個市場，至少會提出要投資人採取「觀望」或「保守投資」的建議。因此，一旦這類觀望、保守的建議常見於理財周刊或雜誌時，你雖然不是先知先覺，但也不應該是不知不覺吧？這時候，你就要開始審視一下你原先的資產配置規劃，看看你手上的投資布局有哪些是要調整的？特別是有些短期目標就需要用上的資金，對於市場走勢應該多些敏銳度的。至於應該如何調整，以及如何擬定相關投資工具的操作策略，我們將在第三天的內容詳細解說。

⭐ 情況 3　達到停利或停損點

在以往「3 天搞懂」的投資系列叢書中，不管是股票或者基金，不管是國內股市或者是美國、中國等外幣投資工具，我們都會強調，投資朋友要切實執行停利點和停損點。設定停利點，是為了要提醒自己，不管是目標順序法或是目標並進法，都已經達到該階段的財務目標，應該先行出場，避免陷入人性「追高」的貪婪弱點，進一步讓可以賺到的獲利縮水。至於停損點的設定，則可以幫助投資人鎖定下檔風險，避免投資組合繼續虧損而蒙受更大損失，讓往後的目標一再地往後推遲。

　　至於停損及停利的比率設定，一般是依照每個投資人心目中的期望，以及可容忍的最大損失限度而定；當然，也可以同時配合不同市場的波動率，以及投資時間的長短而做動態調整。舉例來說，在波動度較大的市場（例如新興市場，甚至於是剛要冒出頭的邊境市場），或是打算長期投資的標

的，停損及停利的比率可以稍微高一點，因為這些市場跌得深，也會彈得快；如果停損點只是設個 5%，可能會因為頻繁地進出市場，不僅會有很高的交易成本，也不容易賺到長線的波段利益。至於停損及停利點應該設多少為宜？這自然是因人而異，但建議最好不要超過 30%。

 投資波動度較大的市場（例如新興市場或邊境市場），停損點和停利點的比率最好設定得高一些，因為這些市場一旦下跌，會跌得比較深。

☆ 情況 4　財務或投資目標出現變化

我們在制訂財務規劃時，會將人生的財務目標分成短期、中期、長期；接下來，再將各個階段所需要的目標金額，搭配各種資產配置工具協助我們達標。萬一家中因為財務調度臨時發生問題，或是有新的或更緊急的財務目標必須達成，手邊就需要有充足的流動性準備；如果籌措不出來的話，就只能處理先前布局在金融市場的投資部位。而由於一般人的投資部位中，常常會包含股票或基金，這時候，就只能出脫股票或者考慮贖回部分基金。之後，再根據現況，重新調整財務規劃。

更為具體的說法應該是：假設投資人完全遵守資產配置和短、中、長期投資的原則，那麼就只會在新增理財需求，或者因為理財需求改變時，才會加碼（例如增持股票、或者申購基金－單筆申購或增加定期定額投資金額）。同樣的道理，也只有在投資人已經達成理財目標，或者因為理財需求改變時，才會選擇減碼（賣出股票或者贖回、轉換基金）。

☆ 情況 5　投資組合績效表現長期落後同類商品

定期檢視投資組合，還有一項好處就是避免「花錢請人家幫

你虧錢」！怎麼說呢？大多數的人會以基金作為投資組合的基本配備，如果投資人所持有的基金，經過一段時間（通常是半年）下來都比同類型的商品要差，甚致於讓你的投資績效處在虧損狀態，那麼最好要考慮贖回，並伺機轉換到其他更有機會的基金。因為長期抱著績效落後的基金，只是浪費投資人自己的時間成本。如果有獲利的話，也要毫不猶豫地獲利了結，轉到其他更有潛力的基金。至於基金績效如何比較？可以透過投信投顧公會的網站，所提供的績效評比功能，查詢得知。查詢路徑如下：

善用網站資源，汰弱留強

步驟一： 先到「投信投顧公會」官方網站中的「最新統計」。

裡面的績效評比有「晨星版本」或「理柏版本」，我們以「晨星版本」為例說明。

步驟二：進入「晨星版本」頁面。

步驟三：點選「F02.基金績效」，會出現如下的畫面。

步驟四：假設你投資的基金是屬於「美國大型均衡型股票」，
可以在基金類別項下選擇「美國大型均衡型股票」。會出現
以下的畫面：

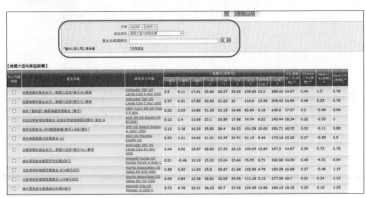

這時候你投資的基金，應該會出現在「基金名稱」那一欄項下。

步驟五：開始來比較基金的績效。績效的比較，可以分成短期（例如一年）、中期（例如三年）、長期（例如五年）。先按下在「一年」底下的黃色箭頭，系統會幫你從績效最好的向下排序。

找到你所投資的基金，在這短期的績效評比當中，是名列前茅？還是敬陪末座？接著仿照這樣的步驟，可以得知你所投資的基金，分別在中期（例如三年）、長期（例如五年）的排名是如何？

如果你的基金接連幾個月的排序始終敬陪末座，那麼你自己就應該知道該要怎麼做了。

更多基金投資的觀念及作法，可參考《3 天搞懂基金買賣》一書。

不熟的投資工具，暫時別納入配置組合

Q **如果檢討過後決定要調整部位的話，有沒有什麼教戰守則呢？**

A 進行資產配置時，最好謹記：不熟的投資工具暫時不要納入配置的組合中。之所以這樣建議，是因為各種投資工具都有不同的「遊戲規則」，也有不同風險、報酬的抵換關係，如果不先熟悉相關的規則，貿然進場，等同於沒有任何防護裝備，就置身於槍林彈雨中一樣的危險。因此，選擇投資工具協助我們滿足各項理財目標前，一定要先打聽清楚該投資工具的特性才好。

一般來說，大多數人做資產配置時使用的工具大概有以

下幾項：

❶ **股票**：是大多數人會選擇的投資工具，但是如何挑選股票？甚至於如何存股？我們會在第三天的第一個小時介紹說明。

❷ **基金**：是大多數人較熟悉的工具，關於基金的操作策略，我們會在第三天的第二個小時進一步說明。

❸ **存款**：為國人喜愛的安全型資產，但因為現在的利率實在太低，很容易就讓通膨吃掉購買力，因此，建議分配在存款項下的資金，除了緊急預備金之外，多出來的資金應該合理的作其他布局，以提高報酬率。

❹ **傳統型儲蓄保單**：金融海嘯之後，因為投資的風險變高，加上利率長期處於低檔，儲蓄型保單（保險業務員常會形容成「類定存保單」）成為國人喜愛的安全型資產。但要注意的是，通常這種保單的預定利率只比定存稍高，卻至少要連續繳交數年也就是資金要被「鎖」住幾年，不能解約；萬一在繳交保費期限到期之前就解約的話，是會有很高比重的損失。如果有這樣的條件的話，適不適合用來當成資產配置的工具？就宜三思！

❺ **投資型保單**：兼具風險管理及投資的功能，附加費用較高是其主要缺點。由於投資型保單有可能因為投資部位虧損而失效，建議投資朋友也是要多多瞭解其特性，才不至於為此布局而困擾。

❻ **ETF**：指數股票型基金，是一種新興的投資工具，具有較低波動度、較低交易成本、操作容易等特性，是目前普受歡迎的投資工具。關於 ETF 的操作策略，我們會在第三天的第三個小時進一步說明。

❼ **權證、期貨、選擇權**：這是屬於較高風險的投資工具。權證是屬於短天期的投資工具；期貨可能會有超額損失；選擇權的操作策略相對較為複雜。建議投資朋友在進場

前，一定要先行研讀這些投資工具的特性。基礎的入門書，讀者朋友可以參考《3 天搞懂權證買賣》。

❽ **外幣商品**：由於網際網路的發達、資金已無國界，如果對於海外金融市場有所涉獵的話，也可以將部分的資金布局在海外的金融市場。關於外幣投資的操作策略，我們會在第三天的第四個小時進一步說明。

從五個「風險收益等級」看基金風險

基金風險的收益等級是由中華民國銀行公會針對基金之價格波動風險程度，依基金投資標的風險屬性，和投資地區市場風險狀況，由低至高訂定出「RR1、RR2、RR3、RR4、RR5」五個風險收益等級。其中 RR1 的風險程度最低，RR5 的風險程度則是最高。這五個風險收益等級依序說明如下：

◆等級 1　RR1

風險程度低，基金的投資布局是以追求穩定收益為目標，通常會將大多數的部位投資在短期貨幣市場工具，但本類型的基金仍不保證本金不會虧損。貨幣型基金就是屬於此類。

而觀察的重點在於，當本期燈號異於前次燈號時，則代表景氣可能有反轉的現象，例如當燈號從綠燈變為黃藍燈時，表示景氣已開始下滑，如果政府想使燈號回復至綠燈，可能就要採取擴張政策；同理，當燈號由紅燈轉為黃紅燈時，則代表景氣已趨於穩定，不至於過熱，政府只要維持目前的經濟狀況即可。

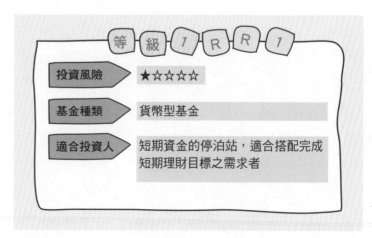

等	級	1	R	R	1

投資風險	★☆☆☆☆
基金種類	貨幣型基金
適合投資人	短期資金的停泊站，適合搭配完成短期理財目標之需求者

◆等級 2　RR2

風險程度中等，基金的投資布局是以追求穩定收益為目標，通常會將大多數的部位投資於已開發國家政府公債，或國際專業評等機構評鑑為投資級（如史坦普評等BBB 級，穆迪評等 Baa 級以上）之已開發國家公司債券；但即便如此，本類型的基金也有價格下跌之風險。

投資標的主要為已開發國家政府公債的基金，或投資級之已開發國家公司債之債券型基金等。

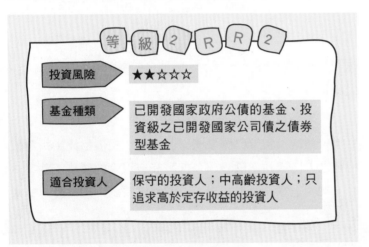

等級 2 R R 2

投資風險	★★☆☆☆
基金種類	已開發國家政府公債的基金、投資級之已開發國家公司債之債券型基金
適合投資人	保守的投資人；中高齡投資人；只追求高於定存收益的投資人

◆等級 3　RR3

風險程度中高，基金的投資布局是以追求兼顧資本利得、固定收益或較高固定收益為目標。本類型的基金通常同時投資股票及債券，或投資於較高收益之有價證券，但仍然有價格下跌之風險。這樣等級的基金包括平衡型基金、非投資級（如史坦普評等 BBB 級，穆迪評等 Baa 級以下）之已開發國家公司債券基金、新興市場債券基金等。

◆等級4 RR4

　　風險程度高，基金的投資布局是以追求資本利得為目標，通常投資於已開發國家股市，或是價格波動相對較穩定之大區域內多國股市，但可能有很大的價格下跌之風險。例如全球股票型基金、已開發國家單一國家股票型基金、含已開發國家之區域股票型基金等。

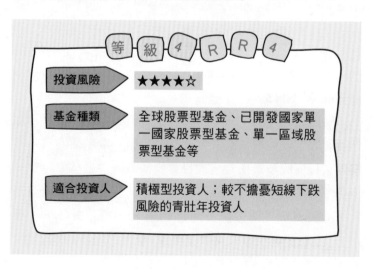

◆等級 5　RR5

　　風險程度很高，基金的投資布局是以追求最大資本利得為目標，通常投資於積極成長型類股，或波動風險較大之股市，但可能有非常大價格下跌風險。一般單一國家基金、新興市場基金、產業類股基金、店頭市場基金，都被歸屬於此類。

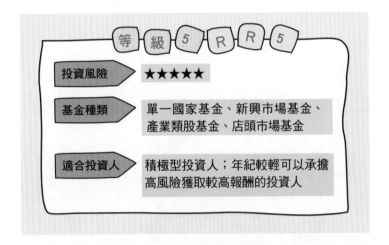

投資風險	★★★★★
基金種類	單一國家基金、新興市場基金、產業類股基金、店頭市場基金
適合投資人	積極型投資人；年紀較輕可以承擔高風險獲取較高報酬的投資人

　　一般金融機構在銷售基金時，都會標注風險等級，然而上述風險收益等級，仍僅供投資朋友參考。因為共同基金之淨值變化，除了受到產業、區域經濟之影響外，尚且受到國際金融情勢震盪和貨幣升貶的風險影響。投資朋友還是應該斟酌個人的風險承擔能力，以及資金可運用期間之長短後，再決定是否進場投資，而不能僅僅單憑上述的等級，就貿然投入資金。

第3天

解鎖被動收入——
常見投資工具的應用

人生中的許多夢想要能實現而不至於流於夢想或空想，付諸行動是很重要的；透過常見的投資工具，可以讓你的小資變大利——只是你知道怎麼運用這些投資工具嗎？你曾經「存股」變「存骨」嗎？你有過付錢請人家幫你虧錢的經驗嗎？到底是哪邊出了問題？本單元會告訴你癥結所在！還會進一步告訴你利用簡單的工具（例如 Excel 表）去計算出你人生各階段財務目標到底需要多少銀兩！接著，就是如何善用這些你常接觸到的投資工具（股票、基金、ETF、外幣等），去預約富足人生！

第小時 短線賺價差，長線賺股利

第小時 搭配人生各階段的基金賺錢策略

第小時 用 ETF 賺遍全世界，資產配置新選擇！

第小時 攻守兼備，外幣資產這樣配

短線賺價差，長線賺股利

仔細看財報，可以避免讓你存「股」變成存「骨」！以股票當作資產配置的一環，必須避免住進高檔套房！準確掌握閱讀財報的精髓，讓你在股市「進攻」而不是「進貢」！

- 是存「股」？還是存「骨」？
- 營收創新高，股價卻跌停？關鍵在於毛利率！
- 爆量收黑的幕後黑手是誰？
- 股價高貴不貴：「本益比」告訴你
- 解構本益比，破解股價高低迷思
- 財報亮眼再下手，買股不必擔心錯失良機

是存「股」？還是存「骨」？

Q 大多數民眾會把股票當成是資產配置中最重要的一環，可是，也常常聽到股民們住進高檔套房，很久都沒辦法解套。如果是這樣，一般股民要如何把股票當作主要的理財工具呢？

A 現在的定存利率那麼低，如果只是把閒錢存在銀行戶頭，肯定會被通膨吃掉購買力（詳細解釋可以參看第一天第二小時的說明）。那麼我們要如何妥當地安排這些閒錢呢？大多數的讀者朋友一定會想到投資股票，畢竟股票向來是很多朋友在投資理財上最熟悉的工具。但是，投資股票想要獲利，又應該注意什麼？

首先，如果只是著眼於短線、想要賺價差的話，那麼你得要找到好的進出場時間點，也要懂得審時度勢地加減碼，也必須先學會技術分析。但是，如果想要安心抱股、等著領取股利，那麼你就得知道如何判斷所關注公司的未來前景走勢，值不值得讓你持有這家公司的股票若干年，而不會整日提心吊膽？這時，你得要學會基本分析，懂得解讀財經（財務報表加上總體經濟指標）訊息。

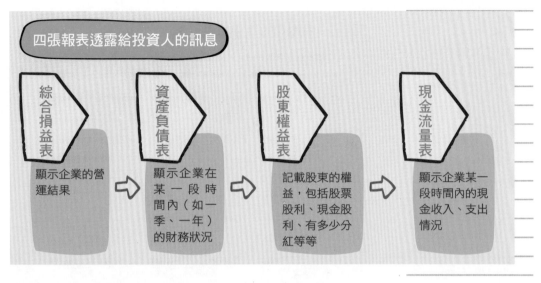

四張報表透露給投資人的訊息

綜合損益表	資產負債表	股東權益表	現金流量表
顯示企業的營運結果	顯示企業在某一段時間內（如一季、一年）的財務狀況	記載股東的權益，包括股票股利、現金股利、有多少分紅等等	顯示企業某一段時間內的現金收入、支出情況

　　一家獲利穩定再加上配息穩定的公司，讓你可長可久安心地持有，所以短線的漲跌就不是那麼重要。如果你一開始就是打算將部分的資金配置在中、長期，希望所買進的公司股票將定期地分紅配股——穩穩地發給你現金股利或股票股利，那麼符合這些規格的好公司，要如何尋找呢？說到底，你終究還是只能透過仔細解析財務報表了。而這種穩紮穩打的資產配置方式，有人稱為「存股策略」。而因為想要存股，那麼在挑選標的股票時，還必須瞭解這家公司歷年來的股利政策——也就是股利發放的趨勢變化如何？如果像台積電一樣，每年都發放不錯的現金股利，自然是理想的存股對象（參見下頁表一）。畢竟公司能夠發放股利，是因為公司能夠持續穩定獲利；如果公司還能夠每年都加碼發放現金股利的話，基本上代表公司的獲利是處於穩健增長的。相反地，如果一家公司的股利發放情況是每年都在縮水，那麼你就得留神這家公司是不是開始要被歸類到夕陽產業的成員名單，自然也不應該是你存股的對象了，可參考《3 天搞懂技術分析》、《3 天搞懂財經資訊》。

表一：台積電近二年股利政策

股利發放期間	股利所屬期間					

已連 33 年發放股利，合計 160.90 元，近 5 年平均現金殖利率：2.40%

發放期間	所屬期間	現金股利	股票股利	現金殖利率	除息日昨收價	除息日
2024		14.00	-	1.39%		
	2024Q1	4.00	-	0.40%	1,005	2024/09/12
	2023Q4	3.50	-	0.39%	909	2024/06/13
	2023Q3	3.50	-	0.46%	753	2024/03/18
	2023Q2	3.00	-	0.52%	577	2023/12/14
2023		11.25	-	2.08%		
	2023Q1	3.00	-	0.55%	541	2023/09/14
	2022Q4	2.75	-	0.47%	590	2023/06/15

資料來源：Yahoo

Ⓠ 所以如果資產配置中有股票這一項，就還得要追蹤財報數字的變化嗎？

Ⓐ 是的，如果想要中長期抱股，而且抱得安心，而不是步步驚心，學會看懂財報，瞭解這家公司是不是專精於本業（可以從綜合損益表、現金流量表看出來）？如何將本求利？會不會黑字倒閉（資產負債表、現金流量表有線索可以透露）？才能夠每年穩穩地賺取股利收益。而且知道如何挑精撿肥，選對好公司，在存「股」而不是存「骨」之外，還可以讓你穩扎穩打，進可攻、退可守。

Ⓠ 什麼是進可攻、退可守？

Ⓐ 當你挑中的個股隨著這家公司公布耀眼的財報，使得股價上漲時，你可以選擇在高檔出脫股票、賺取價差（因為這時候如果你選擇賣掉股票，賺到的價差可能會勝過好幾年的股利報酬率）。如果該公司剛好遇到市場亂流，使得股價下跌時，因為這家是你做過功課、仔細挑選過的好公司，遇到這個可以逢低承接的機會，自然可以安心地在低檔加碼買

進，把握增加收益的契機。如果你挑選到的是這樣的一家公司，那麼不管股價漲跌，日日都是好日，再也不需要每天因為股價的漲跌變化而內心七上八下；每天都有好心情，不正是存股票的投資人想要的最佳境界嗎？

Q 那麼在追蹤財報數字的變化時，有沒有哪些關鍵數據需要特別注意？

A 財報上有很多的數字，常常會讓投資人得覺得很困擾，宛如在閱讀一本有字天書一樣，令人望而生畏，可能還沒有攤開來就先氣餒不想看了。其實財務報表就好比企業的體檢報告書，可以藉此瞭解這家企業在過去一段時間經營的成果如何。其中的財務比率數字，還可以用來跟同業比較，是不是經營的效能更加傑出，藉以吸引更多潛在的投資人來成為股東，公司的市值也會愈來愈高。

　　這麼多的財務數字，對於剛學習閱讀財務報表的投資人來說，並不需要逐筆數字都很仔細且精確地參詳，而是可以先從幾個重要的關鍵數字開始瞭解，進而追蹤某一段期間的變化趨勢。因此，我們先從財報上的營業收入、毛利率、營業利益率、股利發放情況等趨勢的變化（如表二與 P.147 表

表二：台積電近期的獲利能力

財務資訊

2024 Q1 獲利能力

項目	數值	項目	數值
營業毛利率	53.07%	資產報酬率	4.02%
營業利益率	42.02%	股東權益報酬率	6.30%
稅前淨利率	44.98%	每股淨值	140.19 元

最新四季每股盈餘		最近四年每股盈餘	
2024 Q1	8.70 元	2023	32.34 元
2023 Q4	9.21 元	2022	39.20 元
2023 Q3	8.14 元	2021	23.01 元
2023 Q2	7.01 元	2020	19.97 元

資料來源：Yahoo

三），就可以初步掌握到公司的未來，再也不用人云亦云、瞎子摸象般地亂槍打鳥，能夠靠自己聰明地選股、存股。

營收創新高，股價卻跌停？關鍵在於毛利率！

Q 公司如果公布營業收入創新高的同時，就是好的進場時機嗎？

A 我們經常看到公司在公布每月或每季財報數字時，會特別說明「營業收入」（即「營收」）數字；報章雜誌也會用斗大的字眼，強調某公司「本月營收達數千億」、「營收創歷史新高」等等。然而這樣大篇幅報導亮麗的營收數字，是不是一定會激勵股價向上、造成一波漲幅呢？如果我們再進一步地去觀察營收創新高之後的股價表現，有時真的會拉出長紅——當然這是正常的反應（如右頁表三與下圖一），可是有時候卻是反向下跌——然後隔天媒體會以「利多出盡」視之。

為什麼有時候股價會正向反應，不僅漲停，還漲個不

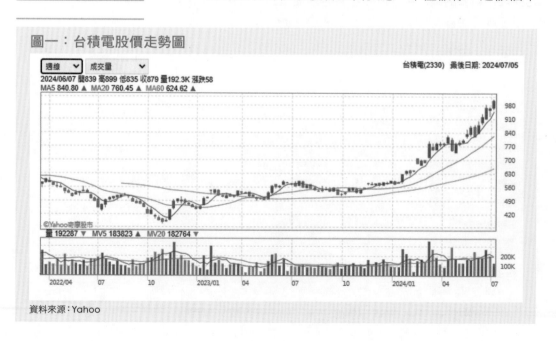

圖一：台積電股價走勢圖

資料來源：Yahoo

停？但是也不乏股價在消息出爐之後，竟然爆大量而收長黑的情形。其中的主要關鍵點在於，毛利率（或者營業利益率）是否隨著營收創新高，而隨之提升──至少需要持平，不能減少，甚或大幅衰退。如果毛利率（或者營業利益率）是下跌的，縱使營收創新高，可能對於公司的淨利是沒有幫

表三：台積電近年的獲利能力及趨勢圖

2330 台積電 獲利狀況 (Goodinfo.tw)

年/季	營收 (億)	稅後 淨利 (億)	毛利 (%)	營業 利益 (%)	稅後 淨利 (%)	ROE (%)	EPS (元)
24Q1 (單季)	5,926	2,255	53.1	42	38	25.2 (年估)	8.7
2023	21,617	8,385	54.4	42.6	38.8	26	32.34
2022	22,639	10,165	59.6	49.5	44.9	39.6	39.2
2021	15,874	5,965	51.6	40.9	37.6	29.7	23.01
2020	13,393	5,179	53.1	42.3	38.7	29.8	19.97
2019	10,700	3,453	46	34.8	32.3	20.9	13.32
2018	10,315	3,511	48.3	37.2	34	21.9	13.54
2017	9,774	3,431	50.6	39.4	35.1	23.6	13.23
2016	9,479	3,342	50.1	39.9	35.3	25.6	12.89

資料來源：Goodinfo! 臺灣股市資訊網

助的，自然對於 EPS 也沒有助益。

　　要解釋這種營收與毛利率背道而馳、進而讓股價反向下跌的原因，我們可以從以下的式子得知：

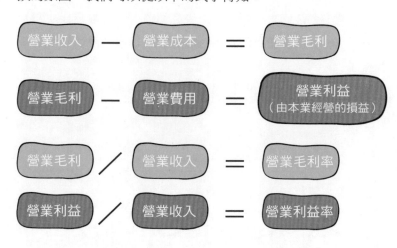

營業收入 － 營業成本 ＝ 營業毛利

營業毛利 － 營業費用 ＝ 營業利益（由本業經營的損益）

營業毛利 / 營業收入 ＝ 營業毛利率

營業利益 / 營業收入 ＝ 營業利益率

　　一家公司的「營業收入」攀高，自然是一件好事；但如果相對應的「營業成本」或「營業費用」也跟著增加，兩相抵消，公司真正能賺到的收益，相較於以往，可能不增反減，

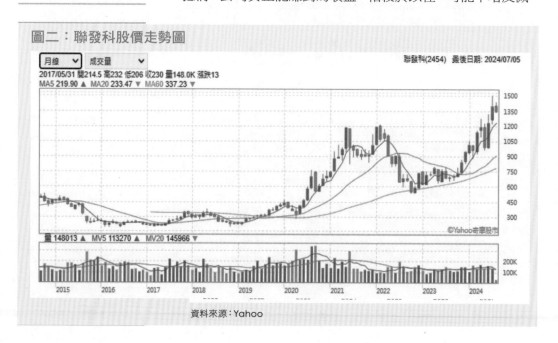

圖二：聯發科股價走勢圖

月線 成交量

聯發科(2454) 最後日期: 2024/07/05

2017/05/31 開214.5 高232 低206 收230 量148.0K 漲跌13
MA5 219.90 ▲ MA20 233.47 ▼ MA60 337.23 ▼

量 148013 ▲ MV5 113270 ▲ MV20 145966 ▼

©Yahoo奇摩股市

資料來源：Yahoo

那麼也不用寄望會有很高的 EPS；這樣對於股東也沒有什麼好處，股價自然會下跌了。

另外，公司的營業收入增加的原因，有沒有可能是公司削價競爭的結果？如果不是靠創新、技術進步（像蘋果公司的 iPhone、iPad 系列）使得營收頻頻創新高，卻是陷入

表四：聯發科近年的獲利能力及趨勢圖

2454 聯發科 獲利狀況 (Goodinfo.tw)

年/季	營收 (億)	稅後淨利 (億)	毛利 (%)	營業利益 (%)	稅後淨利 (%)	ROE (%)	EPS (元)
24Q1 (單季)	1,335	315	52.4	24.1	23.7	33.8 (年估)	19.85
2023	4,334	770	47.8	16.6	17.8	18.9	48.51
2022	5,488	1,181	49.4	23.1	21.6	27.1	74.59
2021	4,934	1,114	46.9	21.9	22.7	27.7	70.56
2020	3,221	409	43.9	13.4	12.9	12	26.01
2019	2,462	230	41.9	9.17	9.42	7.88	14.69
2018	2,381	208	38.5	6.8	8.73	7.76	13.26
2017	2,382	243	35.6	4.12	10.1	9.48	15.56
2016	2,755	237	35.6	8.38	8.72	9.73	15.16
2015	2,133	260	43.2	12.1	12.1	10.4	16.6

2015 到 2017 年間，營收雖然逐步成長，但是毛利率卻是逐年下降。

資料來源：Goodinfo! 臺灣股市資訊網

* 股價統計期間：2001～2024年(共24年)，財報統計期間：1999～2023年(共25年)，股利發放年度統計期間：2000～2024年(共25年)

2454 聯發科 歷年平均績效 (合併報表) ｜ 歷年平均 ▼

目前股價 1350 元	成交價(元)			平均漲跌		成交量(張)		營業收入		稅後淨利		平均獲利率	
	平均	最低	最高	漲跌(元)	漲跌(%)	最低量	最高量	平均(億元)	均成長(%)	平均(億元)	均成長(%)	毛利率	淨利率
一般平均	450.5	319.1	613.8	+43.88	+18.55	1,560	28,676	1,746	+11.7%	313.8	+11.12%	45.67%	18.03%
加權平均	541.6	396.4	729.7	+80.75	+22.11	1,741	30,474	2,732	+9.6%	459.9	+9.84%	45.04%	16.89%

目前淨值 231.76 元	ROE		ROA		EPS(元)		PER(目前23.4)			BPS(元)		PBR(目前5.82)		
	平均(%)	均成長(百分點)	平均(%)	均成長(百分點)	平均	均成長	平均	最低	最高	平均	均成長	平均	最低	最高
一般平均	28.1	-1.37	21.8	-1.03	26.05	+1.41	17.29	12.25	23.56	126.2	+8.46	3.57	2.53	4.87
加權平均	18.32	-0.48	13.48	-0.59	31.11	+2.12	17.41	12.74	23.45	178.3	+8.87	3.04	2.22	4.09

23年EPS 48.51元	股票股利			現金股利			股利合計		股票殖利率(%)			現金殖利率(%)			合計殖利率(%)		
	平均(元)	均成長(元)	填權日數	平均(元)	均成長(元)	填息日數	平均(元)	均成長(元)	平均	最高	最低	平均	最高	最低	平均	最高	最低
一般平均	0.94	-0.31	116	19.3	+2.29	173	20.24	+1.98	0.19	0.29	0.13	4.05	5.77	3.02	4.24	6.07	3.15
加權平均	0.09	-0.05	7.72	28.34	+3.17	175	28.43	+3.12	0.03	0.04	0.02	4.79	6.64	3.55	4.82	6.68	3.57

（資料來源：臺灣股市資訊網）

價格戰，那就會像之前的聯發科，即使出貨量提升、營收較上一季成長，但由於市場同業採取價格戰的關係，而使得毛利率持平或略低（參見上頁表四與上表五），那麼對於股價走勢（P.148 圖二）可能也沒有什麼正面的幫助。

爆量收黑的幕後黑手是誰？

Q 為什麼公布營收創新高時，最後反倒會因為賣壓重而股價下跌呢？

A 我們再來分析一下，為什麼有時候在營收創新高的新聞見報的當天，股價反倒會「爆量收黑」？首先，你想想看，如果有那麼好的消息（營收創新高）見報，那麼看到這則消息的讀者（空手的人）的正常反應，應該是都會有想買進的

意願；如果已經持有該公司股票的人，應該是會有惜售的心態，冀望股價會大漲一波。如此一來，股價會因為沒有人或者很少的人想賣，但有很多人爭著買進，而無量飆漲才對。結果這時候反倒是「爆量收黑」，那麼這個「量」從哪裡來？誰能有這麼多量的股票，在市場籠罩這麼好的前景氛圍下賣掉股票呢？

我們知道，股票交易之所以會成交，一定是有人願意買、有人願意賣；如果大家方向一致地看多（或看空），都想要買進（或賣出），卻沒有人要賣出（或買進），那麼股票市場一定沒有成交量的。而今天會有違反常理的、在利多條件下爆大量且收黑的現象發生，代表一定有某些訊息沒有被揭露完全。而這些「敢」在利多條件出「大量」股票的人，又有可能是誰呢？一般認為，可能會是大股東或者主力，趁著大家（多半是散戶）「沉醉」於營收創下歷史新高的氛圍裡，大量倒出籌碼，趁機獲利了結。

那你可能會質疑，這算「內線交易」嗎？「內線交易」自有其規範與罰則（參見下頁附註），我們在此不多加討論這個議題。但是我們可以延續前面財務比率的判斷方式，來做一個說明。

如果該公司宣稱其營收創新高，我們可以去瞭解它的主力商品（就是占營收有相對較高百分比的商品）是什麼？主要的銷售區域前景如何？銷售對象是誰？有沒有過度集中的問題？這項商品在業界還有什麼利基點嗎？同業是不是很難以仿效？有沒有什麼進入障礙？「賞味期」是多久？

接下來，我們再進一步去瞭解前面提到的「毛利率」和「營業利益率」的高低及其趨勢如何？這些相關的數據及資訊，都可以在公司的財務報表上面找到（更多更詳細的意義及解讀方式，讀者可以參考《3 天搞懂財經資訊》一書）。久而久之，以後就不會因為某個單一事件或訊息公布，就急於搶進或賣出，造成買在最高點或出在最低點的遺憾了！

附註

内線交易的要件在於：
1、獲悉未公開消息。
2、該消息有效影響有價證券市價。
3、交易後有與該消息成比例的獲利發生。

其在證券交易法第 157-1 條的「内線交易行為之規範」之原法條條文如下（修正日期：民國 104 年 07 月 01 日）：

　　下列各款之人，實際知悉發行股票公司有重大影響其股票價格之消息時，在該消息明確後，未公開前或公開後十八小時内，不得對該公司之上市或在證券商營業處所買賣之股票或其他具有股權性質之有價證券，自行或以他人名義買入或賣出：

一、該公司之董事、監察人、經理人及依公司法第
　　二十七條第一項規定受指定代表行使職務之自
　　然人。
二、持有該公司之股份超過百分之十之股東。
三、基於職業或控制關係獲悉消息之人。
四、喪失前三款身分後，未滿六個月者。
五、從前四款所列之人獲悉消息之人。

前項各款所定之人，實際知悉發行股票公司有重大影響其支付本息能力之消息時，在該消息明確後，未公開前或公開後十八小時內，不得對該公司之上市或在證券商營業處所買賣之非股權性質之公司債，自行或以他人名義賣出。

違反第一項或前項規定者，對於當日善意從事相反買賣之人買入或賣出該證券之價格，與消息公開後十個營業日收盤平均價格之差額，負損害賠償責任；其情節重大者，法院得依善意從事相反買賣之人之請求，將賠償額提高至三倍；其情節輕微者，法院得減輕賠償金額。

第一項第五款之人，對於前項損害賠償，應與第一項第一款至第四款提供消息之人，負連帶賠償責任。但第一項第一款至第四款提供消息之人有正當理由相信消息已公開者，不負賠償責任。

第一項所稱有重大影響其股票價格之消息，指涉及公司之財務、業務或該證券之市場供求、公開收購，其具體內容對其股票價格有重大影響，或對正當投資人之投資決定有重要影響之消息；其範圍及公開方式等相關事項之辦法，由主管機關定之。

第二項所定有重大影響其支付本息能力之消息，其範圍及公開方式等相關事項之辦法，由主管機關定之。

第二十二條之二第三項規定，於第一項第一款、第二款，準用之；其於身分喪失後未滿六個月者，亦同。第二十條第四項規定，於第三項從事相反買賣之人準用之。

股價高貴不貴：「本益比」告訴你

Q 台股 2017 年 5 月分站上了萬點，股王大立光也創下超過每股 5000 元以上的行情。為什麼股價已經那麼「高貴」了，還會有人想要進場繼續買呢？

A 曾是台股股王的大立光，2017 年股價曾高達 5000 元以上（在 2017 年 7 月 20 日，盤中出現 5635 元，如右頁圖三），換算下來，買一張大立光的股票，超過新臺幣 500 萬元，在中南部地區幾乎可以買棟房子了！

　　你可能會想，這麼貴的股票，怎麼還會有人買呢？如果我們在 2016 年 8 月中旬，看到它曾經漲到 3700 元（如圖三），已經是高不可攀、創下台股難以企及的紀錄時，買盤並沒有縮手，在短暫回檔休息之後，又往上攻堅，漲到 2017 年 7 月 20 日的 5635 元，漲幅超過五成（如圖三）呢！那麼，為什麼股價已經那麼「高貴」了，還會有人想要進場繼續買，往上推升股價呢？

　　主要的原因，就在於這家公司的財報數字好！那麼，為什麼財報數字好的，它的股價會屢創新高，而且漲完一波之後，還會繼續再漲？

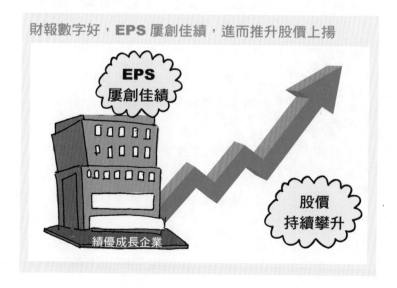

財報數字好，**EPS** 屢創佳績，進而推升股價上揚

EPS 屢創佳績

股價 持續攀升

績優成長企業

　　所謂財報數字好，具體來說，指的是這家公司的獲利數字——特別是 EPS（每股盈餘）一次比一次要來得好。當每期的 EPS 都是亮麗出場時，表示這家公司是屬於優質的、具

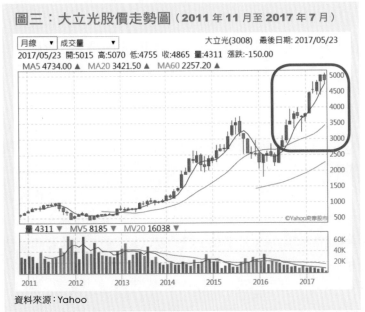

圖三：大立光股價走勢圖（2011 年 11 月至 2017 年 7 月）

資料來源：Yahoo

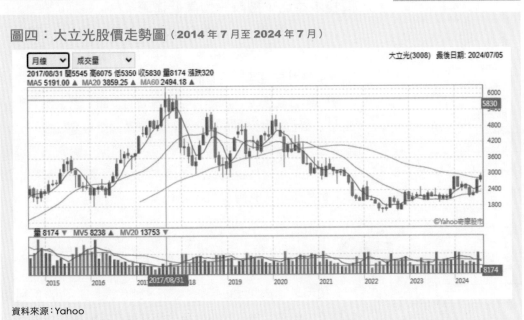

圖四：大立光股價走勢圖（2014 年 7 月至 2024 年 7 月）

資料來源：Yahoo

有競爭力的「績優成長股」，才會讓他們每月／每季發布的營收數字，讓人驚豔再三。而這些具有競爭力的公司，其優異的績效表現就會如實地展現在財報數字上；投資人對於這些亮眼的財報數字，就會自動「換算」成股價，於是，隨著獲利數字的提高，股價也就跟著會步步高升了。而當投資人預期股價會逐步上揚時，當然就會成為市場上追逐卡位的標的！這也就是為何財報好的公司，明明股價已經高不可攀，可是股價還會繼續節節高漲的原因。

Q 那麼這麼高的股價會不會有人買不下手，而開始回檔下跌呢？

A 至於這樣驚驚漲的股價會再持續多久？究竟會不會因為太貴而讓人買不下手、追不下去？那就牽涉到投資人如何評估股價的問題了。接下來，我們就以大家最耳熟能詳的評價方式「本益比」來說明，什麼樣的股價才是合理。

解構本益比，破解股價高低迷思

首先，我們先來解構本益比（P／E）的公式，就是股價（P）／每股盈餘（EPS）。其中的「每股盈餘」，是指某一家公司在經過一段時間（可能是一個月、一季、半年或一年的經營之後），每一股可以賺到的金額；該金額的數字愈大，表示這家公司在這一個階段的獲利能力愈好，將來分配給股東的股利也可能愈多。於是，在預期投資報酬率提高的情況之下，自然會吸引更多潛在的投資人願意追價買進這家公司的股票，股價因此就會上漲。

 本益比（P/E）＝股價（P）／每股盈餘（EPS）

相反地，如果 EPS 每況愈下，就代表該公司的獲利能力變差，未來能夠分配給股東的紅利就有可能愈少；也因為

預期賺到的錢很少，投資人當然就愈不看好這檔股票，而在投資人多半只有一套資金的情況之下，就會轉而找尋更有效率、報酬更高的其他標的。於是，在眾多投資人既不願意擁有、也不想擁有的情況之下，結果股價不是不動如山，就是一路下滑了。

有了這些基本觀念之後，我們再進一步分析「本益比」當中各個變數之間的關係。在「本益比」（P／E）中的「本」，是指股票的每股市價，也是投資人買進這檔股票的成本，就是公式中的分子 P。「益」是指這家公司在經營一年之後，累積的每股稅後純益 EPS，也就是分母中的 E。因此，「本益比」（P／E），其實就是將「每股股價」（投資人的持有成本）除以「每股稅後純益」（公司經營一段時間的利潤，我們假設公司都沒有保留盈餘，會將這部分的利潤全部分給股東）所得到的倍數。而這個指標大小，通常就是分析師據以評估目前的股價是便宜還是昂貴的參考數據！

例如：某甲公司目前的股價是 15 元，EPS 是 1 元，因此，甲公司目前的本益比為 15，這個數據表示：甲公司目前股票之市價是它 EPS 的 15 倍。至於這 15 倍代表什麼意思呢？

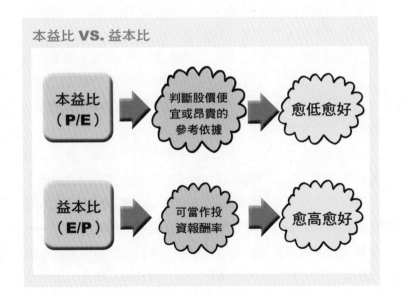

本益比 VS. 益本比

本益比（P/E）→ 判斷股價便宜或昂貴的參考依據 → 愈低愈好

益本比（E/P）→ 可當作投資報酬率 → 愈高愈好

表六：大立光歷年財務資料

*股價統計期間：2002～2024年（共23年），財報統計期間：1999～2023年（共25年），股利發放年度統計期間：2000～2023年（共24年）

3008 大立光 歷年平均績效（合併報表） ［歷年平均 ▾］

目前股價 2895元	成交價(元)			平均漲跌		成交量(張)		營業收入		稅後淨利		平均獲利率	
	平均	最低	最高	漲跌(元)	漲跌(%)	最低量	最高量	平均(億元)	均成長(%)	平均(億元)	均成長(%)	毛利率	淨利率
一般平均	1736	1245	2275	+116.4	+24.29	236	4,834	274.2	+8.53%	108.6	+7.28%	59.28%	39.6%
加權平均	2388	1750	3103	+105.6	+18.09	219	4,238	392	+5.32%	163.4	+3.86%	60.01%	41.69%

目前淨值 1258.41元	ROE		ROA		EPS(元)		PER(目前18.64)			BPS(元)		PBR(目前2.3)		
	平均(%)	均成長(百分點)	平均(%)	均成長(百分點)	平均	均成長	平均	最低	最高	平均	均成長	平均	最低	最高
一般平均	27.99	-0.37	23.01	-0.32	82.88	+5.04	20.95	15.02	27.45	401.6	+51.72	4.32	3.1	5.66
加權平均	26.17	-1.49	21.14	-1.21	122.3	+4.44	19.53	14.31	25.38	624.9	+72.74	3.82	2.8	4.97

23年EPS 134.13元	股票股利			現金股利			股利合計		股票殖利率(%)			現金殖利率(%)			合計殖利率(%)		
	平均(元)	均成長(元)	填權日數	平均(元)	均成長(元)	填息日數	平均(元)	均成長(元)	平均	最高	最低	平均	最高	最低	平均	最高	最低
一般平均	0.57	0	63.8	33.91	+3.15	57.1	34.48	+3.15	0.11	0.18	0.08	2.23	3.37	1.61	2.34	3.55	1.69
加權平均	0.1	-0.05	9.35	52.09	+3.4	60	52.19	+3.35	0.03	0.05	0.02	2.43	3.48	1.8	2.46	3.53	1.82

資料來源：臺灣股市資訊網

如果我們仔細觀察可以發現，本益比的倒數其實就是投資這家公司的投資報酬率。為什麼會這樣說呢？我們如果先將分子跟分母顛倒過來，就成了「益本比」（E／P）；這個公式的意義，就是你花多少錢買進這家公司的股票（P），可以因而獲得多少的收益（E）。誠如前面的假設，這家公司都沒有保留盈餘，會將這部分的利潤全部分給股東；因此，這個「益本比」（E／P）就是你將本求利能夠得到的數字，也就是投資報酬率了。

所以，如果某家公司本益比的這個數字愈低，代表著投資人可以用比較低的價格買到這家公司的股票——相對地，也就是買進該家公司股票的投資報酬率較高。反之，高本益比代表投資人需要以更高的價格，才能獲得相同的股利——也就是投資報酬率較低。由此可見，本益比是用來衡量報酬率高低的參考數值；而低本益比代表投資成本較低，也就是

報酬率較高，比較能夠被投資人青睞而願意積極地買進。

所以，如果有那麼一家好公司，每個月 10 號之前公布的財務數字都很亮眼、都有好消息，累積起來每季的獲利（EPS）都創下歷史新高，自然而然會吸引眾多人馬去追逐籌碼，那麼該公司的股價要不持續上漲也很難了！

因此，當你覺得 2014 年 3 月底股價高達 1400 元的大立光，已經突破 2011 年 4 月底由宏達電創下 1300 元股價的天花板，股價應該漲不上去而遲疑不敢買時，結果它還一直漲個不停，漲到了 2017 年 8 月，股價已經飆漲超過 6000 元了（如 P.155 圖四），漲幅超過三倍呢！原因是什麼？因為大

表七：大立光歷年股價與獲利資料

年度	股本（億）	財報評分	年度股價（元）				獲利金額（億）					獲利率（%）				ROE（%）	ROA（%）	EPS（元）		BPS（元）
			收盤	平均	漲跌	漲跌（%）	營業收入	營業毛利	營業利益	業外損益	稅後淨利	營業毛利	營業利益	業外損益	稅後淨利			稅後EPS	年增（元）	
24Q1	13.3	87	2895	2439	+25	+0.9	113	55.6	39.6	34.7	61.1	49.2	35	30.7	54	14.7（年估）	12.2（年估）	45.79	+21.15	1258.41
2023	13.3	83	2870	2197	+830	+40.7	488	238	178	42.9	179	48.7	36.5	8.79	36.7	11.2	9.42	134.13	-35.39	1240.07
2022	13.3	87	2040	1936	-425	-17.2	477	261	204	74.4	226	54.7	42.8	15.6	47.5	15.2	12.6	169.52	+30.24	1162.14
2021	13.4	83	2465	2750	-730	-22.8	470	281	231	-1.22	187	59.9	49.3	-0.26	39.8	13.2	10.8	139.28	-43.62	1061.97
2020	13.4	85	3195	3857	-1805	-36.1	559	375	320	-3.38	245	67	57.3	-0.6	43.9	18.4	15.1	182.9	-27.8	1049.66
2019	13.4	87	5000	4224	+1785	+55.5	607	419	365	0.8	283	69	60.1	0.13	46.5	24.2	19.7	210.7	+29.03	942.25
2018	13.4	94	3215	3940	-805	-20	500	344	296	15.8	244	68.8	59.3	3.17	48.8	24.4	19.6	181.67	-11.98	802.14
2017	13.4	89	4020	5028	+230	+6.1	531	369	321	-1.34	260	69.4	60.4	-0.25	48.9	30.7	24.4	193.65	+24.18	688.81
2016	13.4	91	3790	3066	+1520	+67	484	324	279	3.37	227	67.1	57.7	0.7	47	32.4	25.1	169.47	-10.61	572.85
2015	13.4	91	2270	2839	-125	-5.2	559	321	277	15.1	242	57.4	49.5	2.69	43.2	44.1	33.3	180.08	+35.17	472.54
2014	13.4	89	2395	1978	+1180	+97.1	458	245	211	19	194	53.5	46	4.14	42.4	50.7	39	144.91	+73.27	344.4
2013	13.4	91	1215	932	+437	+56.2	274	130	108	7.2	96.1	47.2	39.3	2.62	35	36	27.5	71.64	+30.03	226.97
2012	13.4	81	778	623	+212	+37.5	201	83.6	68	0.17	55.8	41.7	33.9	0.08	27.8	26.1	19.9	41.61	+2.85	171.94
2011	13.4	87	566	785	-159	-21.9	160	69.4	54.7	3.64	52	43.4	34.2	2.28	32.5	28.7	23.7	38.76	+8.61	147.68
2010	13.4	89	725	546	+304	+72.2	124	58.1	46.6	-3.28	40.4	47	37.7	-2.65	32.7	26.9	23.3	30.15	+11.53	122.16
2009	13.4	85	421	343	+217.5	+107	81.5	35.7	27.2	-0.79	24.9	43.8	33.4	-0.97	30.5	19.4	17	18.62	-6.3	102.18
2008	13	94	203.5	345	-226.5	-52.7	74.8	40.1	31.4	2	32.4	53.6	42	2.68	43.4	29.4	26.1	24.92	+4.48	91.68
2007	12.6	96	430	422	-200	-31.7	58.8	32.8	29.2	0.85	25.7	55.7	49.6	1.45	43.7	26.7	23.9	20.44	-11.62	80.5

項目：獲利指標　期間：1984/07/07 ～ 2024/07/06　查詢　匯出：XLS HTML

資料來源：臺灣股市資訊網

立光這家公司每年的 EPS 都讓人讚嘆不已（參看 P.158 表六與 P.159 表七），股價自然也會漲得讓人咋舌。

而從表七我們也可以發現，大立光的 EPS 從本世紀開始也是跳躍式的成長！從 2007 年 EPS 只有 20 元，經過了 9 年，到了 2016 年已經成長到 8.45 倍，EPS 達到 169 元（2019 年 EPS 更達到 210 元）！同一期間的股價也從最低的 152 元，上漲到了 6000 元，翻漲將近 40 倍！這就是股價高貴不貴的道理了！

財報亮眼再下手，買股不必擔心錯失良機

Q 財報的確是買股最重要的參考準據，但是如果等到財報公布之後再進場買股，會不會買到高點而套牢？

A 亮麗的財報數字的確是支撐股價不墜的重要因素，但往往會有投資人認為，如果等到財報公布之後再進場買股，會不會剛好成為主力出貨的對象，買到高點而被套牢？對於未來存在諸多的不確定因素心生恐懼，因而舉棋不定，這是很正常的，而且是持盈保泰應該有的心態。

然而，如果你是把股票當成是資產配置其中的一環，那麼重點將會在於如何能夠買股買得安心，不至於因為市況多變而惶惶不可終日，那麼關注財報上數字的變化趨勢，的確是一帖良方。既然買股票是要買得心安，而不是汲汲營營要買在股價的最低點，那麼，你當然得要花一點時間定期關注你所投資公司的財務狀況；因為股票跟人一樣，也是要定期健檢的。當你買到讓你心安的股票之後，你才有機會能夠伺機而動在短線賺取價差，或是耐心持股、等候中長線賺取股利收益（現金股利跟股票股利）。特別是現在國際間各項干擾因素紛陳，彼此相互影響，如果公司受到短線主客觀因素的衝擊，肯定會造成該公司股價極大的波動；不過如果公司

圖五：台積電股價走勢圖

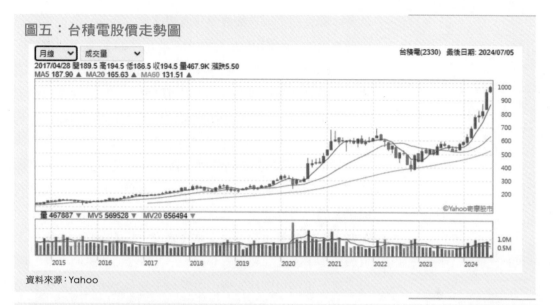

資料來源：Yahoo

表八：台積電歷年股價與獲利資料

年度	股本(億)	財報評分	收盤	平均	漲跌	漲跌(%)	營業收入	營業毛利	營業利益	業外損益	稅後淨利	營業毛利	營業利益	業外損益	稅後淨利	ROE(%)	ROA(%)	稅後EPS	年增(元)	BPS(元)
24Q1	2,594	89	1005	775	+412	+69.5	5,926	3,145	2,490	175	2,255	53.1	42	2.96	38	25.2(年估)	15.9(年估)	8.7	+0.72	140.19
2023	2,593	89	593	543	+144.5	+32.2	21,617	11,751	9,215	577	8,385	54.4	42.6	2.67	38.8	26	16	32.34	-6.86	133.38
2022	2,593	89	448.5	516	-166.5	-27.1	22,639	13,484	11,213	229	10,165	59.6	49.5	1.01	44.9	39.6	23.4	39.2	+16.19	113.6
2021	2,593	87	615	598	+85	+16	15,874	8,195	6,500	131	5,965	51.6	40.9	0.83	37.6	29.7	18.4	23.01	+3.04	83.62
2020	2,593	89	530	379	+199	+60.1	13,393	7,111	5,668	180	5,179	53.1	42.3	1.34	38.7	29.8	20.6	19.97	+6.65	71.33
2019	2,593	89	331	262	+105.5	+46.8	10,700	4,927	3,727	171	3,453	46	34.8	1.6	32.3	20.9	15.9	13.32	-0.22	62.53
2018	2,593	94	225.5	237	-4	-1.7	10,315	4,979	3,836	139	3,511	48.3	37.2	1.35	34	21.9	17.2	13.54	+0.31	64.67
2017	2,593	91	229.5	210	+48	+26.4	9,774	4,948	3,856	106	3,431	50.6	39.4	1.08	35.1	23.6	17.7	13.23	+0.34	58.7
2016	2,593	91	181.5	166	+38.5	+26.9	9,479	4,748	3,780	80	3,342	50.1	39.9	0.84	35.3	25.6	18.9	12.89	+1.07	53.58
2015	2,593	94	143	140	+2	+1.4	8,435	4,104	3,200	304	3,066	48.7	37.9	3.6	36.3	27	19.4	11.82	+1.64	47.11
2014	2,593	91	141	123	+35.5	+33.6	7,628	3,777	2,959	62.1	2,639	49.5	38.8	0.81	34.6	27.9	19.1	10.18	+2.92	40.32
2013	2,593	89	105.5	104	+8.5	+8.8	5,970	2,809	2,094	60.6	1,881	47.1	35.1	1.01	31.5	23.9	16.9	7.26	+0.84	32.69
2012	2,592	89	97	84.1	+21.2	+28	5,067	2,441	1,812	5	1,663	48.2	35.8	0.1	32.8	24.5	19.1	6.42	+1.24	27.9
2011	2,592	94	75.8	72.1	+4.8	+6.8	4,271	1,941	1,416	35.9	1,342	45.4	33.1	0.84	31.5	22.2	18	5.18	-1.06	24.29
2010	2,591	96	71	62	+6.5	+10.1	4,195	2,071	1,592	111	1,616	49.4	37.9	2.64	38.7	30.1	24.7	6.24	+2.79	22.16
2009	2,590	91	64.5	55.5	+20.1	+45.3	2,957	1,293	920	35	892	43.7	31.1	1.18	30.3	18.3	15.5	3.45	-0.41	19.11
2008	2,563	94	44.4	56.4	-17.6	-28.4	3,332	1,417	1,044	70.4	999	42.5	31.3	2.11	30.2	20.7	17.8	3.86	-0.28	18.59
2007	2,643	94	62	65.5	-5.5	-8.1	3,226	1,424	1,117	99.2	1,092	44.1	34.6	3.07	34.1	22	19	4.14	-0.79	19.03

資料來源：臺灣股市資訊網

的基本面良好，一旦蝴蝶效應塵埃落定，股價一定會再回歸到基本面的。我們可以看到 2016 年 6 月 24 日英國脫歐公投這麼大的黑天鵝事件，也只不過影響股市二、三天而已，隨後股市還是回歸到基本面。我們可以看到，2022 年 2 月底，俄烏宣戰之後，台股受到國際緊張情勢的影響，指數重挫，護國神山台積電，也因而下跌到 370 元附近，隨後，因為技術獨步全球，加上 AI 的熱潮，讓台積電成為全球法人追逐的標的！除了股價不只翻倍漲之外，還突破千元！台積電的股價之所以可以連番上漲，主要原因就在於台積電的基本面很好，而這些變化都可以從財務報表中解讀出來的（參看上頁表八）。因此，要想安心存股票，實在不用擔心進場的時機太慢，重點是要挑對標的股票，不是嗎？所以你更是要注意財報的變化，看完財報之後再出手，才能夠抱股抱得安心！

心動也要
行動！

今天是　　　年　　月　　日

我想投資的項目是　　　　　　　　　　，代號是

想買的原因是：

今天是　　　年　　月　　日

我想投資的項目是　　　　　　　　　　，代號是

想買的原因是：

搭配人生各階段的基金賺錢策略

除了股票，基金也是很重要的資產配置工具。不管是剛進職場的小資男女，還是已經爆肝多年的中產階級，實戰交易策略，讓你可以聰明理財、及早做到財務自由。由於人生各個階段所需要的資金都不相同，因此，同樣是以基金為資產配置的工具，在操作策略上自然也不一樣。如何累積小資換大利，如何靠著基金投資理財、保障未來，這幾種策略都要學起來！

・四步驟讓基金完成人生各項財務目標
・策略1【初階】適合小資族的「定期定額」投資法
・定期審視投資狀況，適時進行調整
・策略2【進階】適合會判斷市場趨勢投資人的單筆投資法
・策略3【進階】移動停利法＋移動停損法提高獲利率
・策略4【高階】單筆＋定期定額

四步驟讓基金完成人生各項財務目標

Q 除了股票之外，基金也是許多臺灣人熟悉的投資工具。那要如何透過基金來幫助一般投資人完成各項財務目標呢？

A 一般來說，隨著年齡不斷增長，大多數人都會面臨學業、就業、成家、生子、購屋、創業以及退休等不同的經歷，還可以粗略分為「社會新鮮」、「結婚生子」、「生涯顛峰」與「退休生活」四大階段。這四大階段所需要的資金各不相同，因此，同樣是以基金為資產配置的工具，但是在操作策略上自然有所不同。在說明這些投資策略之前，我們要先執行以下四個步驟：

☆ **Step 1　瞭解自己目前處於哪一個人生階段**

在不同的人生階段就會有不同的條件；無論是在收支狀況、所負擔的家庭責任、能夠承擔的風險程度以及理財目標

瞭解自己所處的人生階段

考量
• 收支
• 負擔家庭責任
• 能承擔風險
• 理財目標

作為擬定理財目標
與計畫的參考

上，都是完全不同的。讀者朋友應該要先瞭解自己所處的環境與階段（客觀條件），才能進一步透過基金投資，達到不同的理財目標（主觀條件）。

☆ Step 2 算出不同階段的財務需求所需的金額與花費時間

為了完成預定的各項理財目標，例如購屋、子女教育及退休……等，都需要不同的「金額」才能達到。投資朋友必須先計算以自己目前可以投入的資金、若要達成預定的投資目標，所需要的報酬率至少應該是為多少？還有能夠準備的時間有多長？這樣才好進行下一步驟的計畫。

☆ Step 3 檢視自己的收支狀況

有時候，既定的目標是一回事，各種現實狀況的改變可能會讓人不得不低頭；因為實際收支狀況才是影響目標達成與否的重要關鍵。一般來說，「收入－儲蓄」之後的金額，是每個月可以自行運用及花費的金額。假設每月結餘數不多，而且也無法再進一步「開源（多賺錢）」或「節流（多省錢）」之下，就有可能無法順利達成步驟二所計畫的目標。

按照我們在前面第一天所提到的觀念，或許可以回頭檢視一下，當初設定的目標可不可以調整一下？例如原先要購買 1000 萬元的房子，所以需要先準備好 300 萬的頭期款，

如果審視自己的收支狀況之後，發覺不論如何開源或節流，都沒有辦法在預定時間達成目標的話，那麼就可以下調自己的購屋預算。例如考慮先買在「蛋白區」價值約 800 萬元的房子，那麼頭期款大概就只需要 240 萬元；等到自己手頭較為寬裕或累積到較多的資產時，再來換到「蛋黃區」預算較高的房子吧。

☆ Step 4　擬定投資計畫

正因為不同階段的收支狀況、理財目標時間長短，以

針對不同人生階段之投資特性及適合投資基金類型一覽表

	社會新鮮期	結婚生子期	生涯顛峰期	退休生活期
年齡	20～30 歲	30～45 歲	46～65 歲	65 歲以上
階段特色	單身、剛開始工作，或事業才處於起步階段。	多半已婚、有小孩，同時事業也處於起飛階段。雖然收入增加，但家庭開銷不小，可投資金額可能無法同步提高。	收入達人生最高峰，加上小孩多半能夠獨立，所以經濟負擔逐漸減輕。此時，最重要的理財目標是「退休」，資產雄厚的人，也要開始及早進行節稅規劃。	退休後不但生活節奏改變，也多半無固定收入，必須仰賴過去所存的退休基金以支應生活所需。
賺錢能力	低	中高	高	低
風險承受度	因為年輕且投資時間長，可以承受較高風險。	偏好中、高度風險，風險承擔力也較高。	偏好中、低度風險，承受力比年輕人或中年人要低一些。	風險承受度低。
理財目標	資產快速累積	財富極大化	在財富極大化的同時，需考慮資產的安全性（退休考量）及稅務規劃	求取固定收益
適合投資基金類型	•成長型基金 ☆例如 全球股票型基金、產業股票型基金等	•積極成長型基金 ☆例如 全球股票型基金、單一國家股票型基金、或產業股票型基金	•成長收益型基金 •平衡型基金 •全球型基金 ☆例如 全球股票型基金、區域國家股票型基金、高收益基金等	•收益型基金 •債券型基金 ☆例如 全球債券型基金、固定配息型基金等

及所能承受的風險程度不同，就必須靠著詳細的計畫，才能陸續完成所設定的理財目標；而投資朋友能夠運用的基金標的，也可能完全不同。

例如 30 歲的李華，計畫五年後有 50 萬的結婚基金，十年後存到 300 萬的頭期款買房子。因為他目前是單身，而且是在職場剛起飛的階段，所以在資產配置上，可以先提撥較多的預算，放在風險相對較高（RR5）的基金上。而隨著年紀的增長，薪資待遇逐漸調高或者結婚之後，有另一半薪水的奧援，這時候可投資金額變多了，也多了配偶可以共同承擔風險，那麼李華夫婦的資產配置方式，就可以將資金分別安排在 RR5、RR4 的基金，兼顧收益跟風險的平衡。短期的

各種類型投資人之投資特性及投資建議

類型	投資建議	選擇基金建議
積極型	這類型投資人承擔風險的能力優於常人，但卻也是優、缺點各半。因為他們在多頭市場中，很容易被驚驚漲的大盤所影響，而忽略了平均分散風險的重要性。 💡 **資產配置建議：** 為了避免過度冒險後的虧損風險，可以將部分資金做較長期、穩定性較高的投資，並且透過定期定額的方式降低風險。	• 新興市場基金 • 單一國家基金 • 產業股票型基金 • 衍生性商品基金 • 高收益債券型基金
穩健型	穩健型投資人是「理性大於感性」的投資人，既不容易受到他人看法所左右，也不怎麼喜歡追逐高風險、高報酬的投資。 💡 **資產配置建議：** 可將一部分資金，放在穩定性較高，且績效表現較佳的股票型基金，以便進行中、長期投資規劃。	• 產業股票型基金 • 全球股票型基金 • 區域型基金 • 平衡型基金
保守型	保守型投資人原本就不喜歡風險，甚至完全規避風險。 💡 **資產配置建議：** 正因為這種保守的個性，建議可以投資在風險較低、收益率較為固定的基金標的上，既能免去財富被通膨給吃掉，又能兼顧一定的投資收益。	• 債券型基金 • 貨幣型基金 • 保本型基金

目的，當然是要達成 40 歲籌到購屋頭期款的目標。

我們另外整理針對不同人生階段之投資特性，以及適合投資基金類型一覽表，如表一所示。（更詳細的說明，可以參照《3 天搞懂基金買賣最新增訂版》一書。）

有了這四個前置作業準備之後，我們就可以進一步執行各階段不同的投資策略了。

適合小資族的「定期定額」投資法

Q 小資男女總是礙於收入較少、存款較少，要如何利用基金來完成自己的財務目標呢？

A 雖然小資男女的可運用資金較少，但是每個月如果可以省下 3000 元，就可以開始「創富」的第一步了——可以採用大家都聽聞過的「定期定額」投資法。定期定額投資法的特色是，在審慎挑妥標的之後，每月在固定時間投入一筆固定的資金，之後並不需要考量市場行情如何波動，以及煩惱

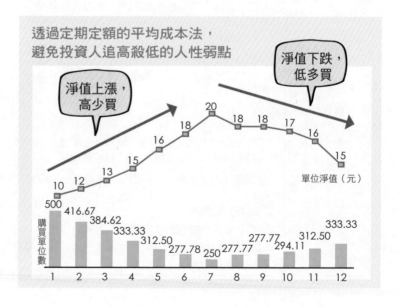

透過定期定額的平均成本法，避免投資人追高殺低的人性弱點

何時才是最佳購買時點。當基金淨值漲時，可以買到的單位數較少；但是在市場回檔、基金淨值下跌時，則可買到較多的單位數。以「低多買、高少買」的反向操作原則長期投資，可以平均投資成本與降低投資風險。

由於定期定額投資的最低門檻只要 1000 元起，非常適合小額投資人及一般上班族選為投資工具。此外，在專業經理人的操作下，投資人既能避免因資訊掌握不足、無法深入做研究而無法聰明選股的麻煩，又可免除因為專業知識不足無法掌握買賣點，或者資金有限、無法做好資產配置的相關風險，透過這種積少成多的方式，輕鬆完成未來人生各階段不同的財務需求。

Ｑ 定期定額不需要特別考慮進場時點，也適合對投資不是很在行的人。但是，有那麼多項的財務目標需要完成，每期扣款金額到底要如何設定才好？

Ａ 一般來說，可以根據以下兩點原則來設定每期扣款金額：

☆ 原則 1　一定要輕鬆、沒負擔

小資男女可以按照我們之前所提到的觀念，先分析自己每月的收支狀況，計算出固定能省下來的閒置資金，只要符合基金公司所規定的最低門檻（目前多半為 1000 元或 3000 元）就可以了。如果上班族只是為了多扣款而影響了生活水平或其他投資計畫，那也不太好。

☆ 原則 2　用「倒推法」設定應該扣款的金額

舉例來說，一位目前 35 歲的上班族，如果打算在 60 歲退休後，每個月還能夠過著相當於現值 3 萬元生活費的水準，如果用比較高的平均年通膨率 3.5% 來計算，到了退休時需要總額大約 1400 萬元的退休基金（以平均餘命 77 歲

計）。再假設以年化平均報酬率 15%（是以過去 20 年較佳的定期定額報酬率設算）反推計算，那麼每月所需投入的金額大約是 4300 元。詳細計算過程如下：

年通膨率 3.5%，25 年的複利終值係數約為 2.38（讀者可以上網查閱「複利終值係數表」），所以在 60 歲時須存夠的退休金為：

$$30,000 \times 2.38 \times 12 \times 17 = 14,565,600$$

至於每個月的投入金額，可以參考 Excel 上的公式：

$$PMT（15\% \ / \ 12, 25 \times 12, 0, 14000000）= 4316$$

計算

Step 1 查閱複利終值係數表，查 25 年的複利終值係數

從表中可得知，年通膨率 3.5%，25 年（退休 60 歲－現年 35 歲）的複利終值係數約為 2.38。

Step 2 計算所需退休金

以 60 歲退休、每月過著相當於現值 3 萬元生活費水準，距離退休尚有 25 年計，需存夠的退休金為 1456 萬 5600 元。

計算公式
所需退休金＝每月現值 × 複利終值係數 ×12（月）×17（年）
30,000×2.38×12×17 = 14,565,600

Step 3 計算每月應投入金額

計算每月應投入金額，才能達到所需要的退休金。這裡可透過 Excel 的輔助。

❶在 Excel 按一下 𝒇ₓ，插入「RMT」函數，計算「每期投資金額 PAYMENT（PMT）」。

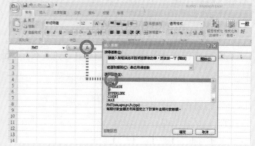

❷ 在彈跳出的「函數引數」視窗依序輸入每月投資金額數值。最後按下【確定】。

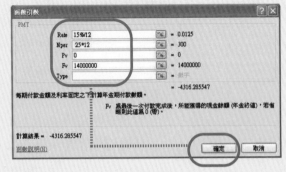

❸ 最後得出每月投資金額－4316，負值代表資金流出。

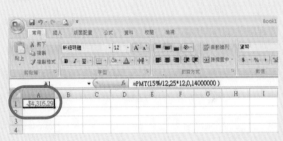

Ⓠ **小資男女用定期定額的方式完成各項理財目標，還有什麼需要特別注意的事項嗎？**

Ⓐ 除了先要存下第一筆資金，例如 1000 ～ 3000 元之外，最重要的就是要愈早開始愈好。我們以下就以一般人最重視的三大理財目標——創業、子女教育及退休基金三大目標——要如何用定期定額的方式達標，做個扼要的說明。

 用定期定額完成三大理財目標！

1. 用定期定額籌措 100 萬元成家或是創業基金

「成家」及「創業」都是許多社會新鮮人剛踏出校園之後，最想要實現的夢想。但在現實生活中，圓任何一個夢都需要一筆錢。尤其是在目前的社會環境下，一般人如果沒有個 100 萬元，似乎很難達到基本的創業門檻。而對於每月只能領一份微薄薪水的上班族來說，這場圓夢計畫，恐怕要花

上十數年才行。

　　不過先別急，以下的表格應該可以給有心圓夢的社會新鮮人一個重拾信心的定心丸。從以下的數字可以得知，愈早開始準備成家或創業基金，社會新鮮人的壓力和負擔也就愈輕。

　　表三的資料顯示：如果目標是在 30 歲成家立業，分成三種情境來看看，到了 30 歲時的投資績效分別會是如何？

情境一：大學畢業之後（22 歲）馬上投入職場，因為剛開始工作，薪水不高，但仍然每月存下 7000 元定期定額投資，到了 30 歲時，累積了八年的成果是 1,011,890 元，輕鬆地存到第一桶百萬元的圓夢基金！

情境二：等到 25 歲才開始投資，但是每個月調高投資金額到 1 萬元，經過了五年，還不足 100 萬（771,717 元）。

情境三：等到 26 歲才開始投資，但是每個月調高投資金額到 1 萬 2000 元，經過了四年，竟然只有 703,977 元。

定期定額存成家立業基金（單位：元）

開始投資年齡	22 歲	25 歲	26 歲
每月投資金額	7,000	10,000	12,000
投資時間	8 年	5 年	4 年
打算成家立業的年齡	30 歲		
定期定額累積的終值	1,011,890	771,717	703,977
投資成本	678,720	606,000	581,760
投資獲利	333,170	165,717	122,217
備 註	1. 計算根據是以資本市場長期平均報酬率約 10% 計算（此為期望報酬率，並不表示未來股市之預測值） 2. 假設投資期間基金無收益分配情形 3. 以月分作為複利的期次 4. 申購手續費以 1.0% 計算		

由此可見，想要在 30 歲前存到第一桶金，並不是遙不可及的夢想，只要每個月存下 7000 元，找到好的標的基金，就可以開始你的成家立業圓夢計畫。

2. 用定期定額籌措子女高等教育基金

在面對高學費時代，身為天下父母的人，不能只有感嘆而沒有準備，這是因為子女教育有其時間的迫切性。如果沒有事先規劃準備，面對子女愈來愈接近國中、高中階段，教育經費的壓力將會愈來愈大；因此，就跟籌措成家立業的基金一樣，愈早開始準備，壓力及負擔也就愈輕。例如從出生開始就每個月採取定期定額投資 3000 元的話，累積到 18 歲子女開始就讀大學時，就有超過 170 萬元的高等教育基金。然而如果在子女六歲準備上小學時，才開始以定期定額儲存子女高等教育基金，一樣存到 18 歲，就只能累積到 80 萬元而已。只不過晚了六年，竟然少了一半以上！由此可知，定期定額存錢計畫，愈早開始，效果愈好！

定期定額儲存子女高等教育基金（單位：元）

以子女年齡開始投資	0 歲	6 歲	10 歲
每月投資金額	3,000	3,000	3,000
投資時間	18 年	12 年	8 年
結束投資年齡（子女開始就讀大學）	18 歲		
定期定額累積的終值	1,011,890	771,717	703,977
投資成本	654,480	436,320	290,880
投資獲利	1,074,714	374,606	142,787
備 註	1. 計算根據是以資本市場長期平均報酬率約 10% 計算（此為期望報酬率，並不表示未來股市之預測值） 2. 假設投資期間基金無收益分配情形 3. 以月分作為複利的期次 4. 申購手續費以 1.0% 計算		

3. 用定期定額籌措 2000 萬元退休基金

　　想要過安穩的退休生活，大概需要多少錢才夠呢？這個數字因人而異，因為每個人的生活型態不一樣，所需要的資金預算也就不一樣。根據市面上一些理財雜誌所統計的數據，普遍都需要準備 2000 萬元以上，才能夠讓人安穩的退休。然而，要在退休前累積出這樣多的金額，其實並不輕鬆。下表提供為了退休金做打算的幾個年齡層民眾，必須要花多久的時間才能累積到 2000 萬元？

定期定額準備約 2000 萬元（現值）退休金，每月投資金需要多少？（單位：元）

退休年齡	65 歲				
開始籌措退休基金年齡	25 歲	35 歲	45 歲	50 歲	55 歲
每月需投資金額	7,893	17,423	41,049	67,022	121,017
預計投資時間	40 年	30 年	20 年	15 年	10 年
退休當時累計的金額 （約當現值 2,000 萬元）	44,160,793	36,227,232	29,718,948	26,917,367	24,379,888
備註	1. 計算根據是以資本市場長期平均報酬率約 10% 計算（此為期望報酬率，並不表示未來股市之預測值） 2. 假設投資期間基金無收益分配情形 3. 以月分作為複利的期次 4. 申購手續費以 1.0% 計算 5. 預估通貨膨脹率為 2%				

　　同樣從上表可以得知，愈早規劃退休基金籌措計畫，每月所投資的資金負擔就愈低。例如，從 25 歲就開始存退休金，每個月只要撥出 7893 元，在 65 歲退休當下，就可以有現值 2000 萬的生活水平。但是如果延遲到距離退休年齡只剩下十年的 55 歲才開始存退休金，那麼每月得要拿出 121,017 元。所以，讀者朋友如果想要能夠在預定的時間退休，最好能夠愈早開始啟動你的投資理財計畫才好。

設定停損、停利點，持盈保泰

Q 投資基金需要設定停利點跟停損點嗎？

A 我們都知道投資一定會有風險，但是，不要把投資當成人生的一項冒險。投資朋友在投資基金之前，一定要先衡量自己的狀況，包括財力、風險承受度、資金可投資期間、理財目標等前面章節所提到的各項要點。

此外，任何投資，都要事先設定一個停利及停損點。設立停利點，主要是可以讓自己的投資部位真真正正地獲利了結、落袋為安，以避免價格「春去春又回」，又回到當初買進的原點，結果是紙上富貴一場。

至於停損點的設立，是擔心自己在投資之前蒐集的資訊不夠充分，或者是金融市場臨時遇到亂流（例如戰爭、天災、人禍等），使得自己投資的部位跌破當初的成本價位外，

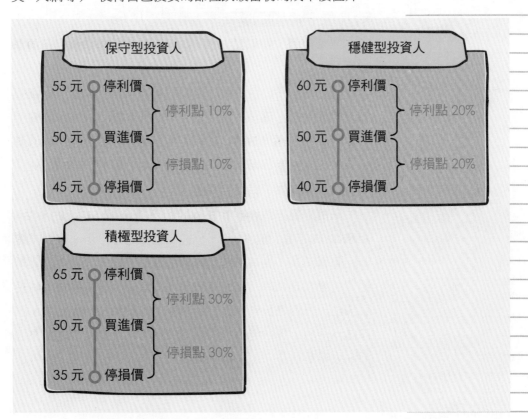

還持續下跌。這時，如果虧損已經超過你可以容許的範圍了（就是停損點），那麼就應該壯士斷腕，停損出場。畢竟金融市場下跌的原因即便百百種，但是只要形成下跌趨勢，通常不會只有跌一陣子即馬上反彈。

　　為了讓自己保有資產，建議讀者朋友應該在投資任何一種金融商品前，就先設好停利點及停損點。在投資基金這個金融商品上，建議一般保守穩健者可用正負 10% 為基準，設定停利及停損點；其他各類型的投資人，可參照自己的風險承受度以及當時的市況來酌予調整。例如，穩健型投資人可以將停損、停利點設在正負 20%、積極型的投資人可將停損、停利點設在正負 30%。但是最重要的是，請不要流於紙上談兵，一定要力行停利及停損。

定期審視投資狀況，適時進行調整

Ｑ 設定停利、停損點之後，又需要如何動態調整自己的部位呢？

Ａ 預先設定好心目中可以接受的停損、停利點後，仍需要有紀律地執行，確保不會受市場變化而動搖，同時仍須每半年觀察重要的經濟數據、檢視基金表現和淨值變化。關心基金表現，當基金報酬率達到你當初設定的停利或停損的條件時，就應該獲利了結或認賠贖回。

　　舉例來說，2008 年年中，油價上漲到每桶 147 元的高點，距離 2003 年底只有 32 元，已經是暴漲超過三倍。有愈來愈多的聲音認為，高油價勢必影響經濟的發展，而且各國貨幣政策還是在升息時，敏感度較高的投資人，已經慢慢地將投資部位（特別是投資在原物料市場）出脫了。回顧過去，的確逐步停利，真的能讓人在金融海嘯、金融風暴席捲而來之前，來得及抽身。

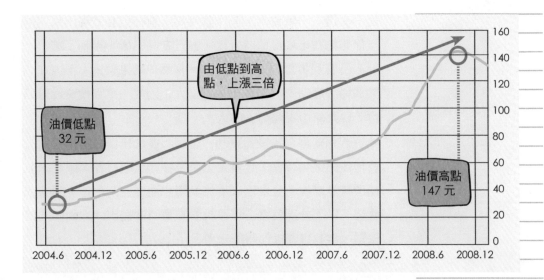

同樣地，在 2008 年底，全球各國央行都不約而同的啟動降息循環；甚至於有些國家，還把指標利率降到史無前例的低點時，代表經濟情況已經相當危急，難道你還不願意停損出場嗎？如果再不停損，接下來到了 2009 年初，因為爆發歐債危機；甚至於 2020 年的新冠肺炎疫情世界各大金融市場繼續慘跌的情況，大家應該還是記憶猶深。因此，雖然基金是中長期投資，但是，如果已經跌幅甚深（跌幅超過你的停損點了），影響到你的日常作息了，是不是應該先出場讓自己喘口氣再說呢？

適合會判斷市場趨勢投資人的單筆投資法

Q 除了定期定額投資基金之外，單筆投資的操作策略又有哪些眉角呢？

A 單筆投資法的操作難度較高，需要看對市場趨勢。由於

是一次投入一筆資金，操作效益馬上會在損益表現出來。一旦能夠搶在市場低檔時介入，並且在高點處「獲利了結」，很容易看到明顯的投資報酬率。當然，如果投資人不慎在高點進場，短期內的損失也會相當大。因此，單筆投資比較適合「會判斷市場趨勢」的人。

若想要靠單筆投資獲利，也應該多加學習並審慎挑選投資地區與進場時機，也就是盡量選擇較具題材性，或是景氣循環較易掌握，且會因經濟周期變化而受益的地區、國家或產業。以下分別就適合單筆投資買賣時間提出六大面向的檢核點，作為實際操作時的參考。

☆ 情況 1　基金買進時機檢核要點

檢核要點 1　景氣循環／總經指標		
1. 該國或該地區的工商業活動等指標是否向下？而且已經連續超過半年了？	□是	□否
2. 該國或該地區的通貨膨脹情況是否有所減緩？	□是	□否
3. 該國或該地區的經濟領先指標是否開始上升？	□是	□否
4. 該國或該地區的公司財報，營利／每股盈餘（EPS）是否普遍呈現衰退？而且已經連續超過半年了？	□是	□否
5. 該國或該地區的公司存貨是否持續降低？而且已經連續超過半年了？	□是	□否
6. 該國或該地區裡，是否有大多數的經濟預測——特別是非官方單位提供者——相當悲觀？是否大多數經濟消息均為不利的？而且已經連續超過半年了？	□是	□否
總計	是　個	否　個

檢核要點 2　貨幣政策（利率與匯率的走勢）		
1. 該國或該地區的央行（貨幣主管機關）是否開始執行「擴張政策」？	□是	□否
2. 是否已有降低銀行貼現率、降低存款準備率、降低股票保證金率、交易保證金比率等措施？（就是啟動降息循環）	□是	□否
3. 該國或該地區的財金官員，是否對於失業率與經濟成長率的關注程度，比起對通貨膨脹或過熱的經濟更為關切？	□是	□否
4. 該國或該地區的短期利率（如國庫券、商業本票等利率）是否正在下降？	□是	□否
總計	是　個	否　個

檢核要點 3 股票價值		
1. 該國或該地區股市的平均本益比是多少？是否已達到或低於上次該國或該地區股市最低點時的本益比倍數？	□是	□否
總計	是　個	否　個

檢核要點 4 股市參與者		
1. 該國或該地區是否有愈來愈少的大公司或大股東想要申報持股轉讓？	□是	□否
2. 該國或該地區是否有愈來愈少的公司打算申請上市或上櫃？	□是	□否
3. 該國或該地區的零股交易、或短期放空者是否突然大增？	□是	□否
4. 該國或該地區是否有愈來愈少的人願意申購股票型基金？	□是	□否
5. 各類基金所持有的現金部位是否有增加的趨勢？	□是	□否
6. 該國或該地區的資金是否持續呈現淨流出的趨勢？	□是	□否
總計	是　個	否　個

檢核要點 5 技術指標		
1. 該國或該地區的股市是否已經從上次高點連續下跌了好幾個月？下降的幅度是否很可觀？	□是	□否
2. 該國或該地區的股市是否有呈現加速趕底（急跌）的現象？	□是	□否
總計	是　個	否　個

檢核要點 6 個人因素		
1. 就個人投資該國或該地區的狀況，是否已經虧了不少？（如果你沒有設立停損的話。）	□是	□否
2. 你的親友團是否開始勸告你離開該國或該地區股市？或者普遍來說，他們已經都對證券、基金投資喪失了興趣？	□是	□否
3. 冷靜來看，是否覺得現在該國或該地區投資組合的市場風險，已經低於你原先認為應有的水準？	□是	□否
總計	是　個	否　個

如果上述問題的答案，有超過一半以上為「是」，那麼現在就是可以逐步買進基金的好機會。

檢核要點 1　景氣循環／總經指標		
1. 該國或該地區是否有愈來愈多的經濟指標顯示目前的景氣過熱？	□是	□否
2. 該國或該地區的通貨膨脹率是否顯著提高？	□是	□否
3. 該國或該地區的經濟領先指標是否開始下降？	□是	□否
4. 該國或該地區的公司財報、公司營利成長率是否逐漸減緩？或者有愈來愈多的報告顯示，目前公司這種高獲利率的好景已經難以持續？	□是	□否
5. 該國或該地區的公司存貨是否逐漸增加？而且已經連續超過半年了？	□是	□否
6. 該國或該地區裡，是否有大多數的經濟預測——特別是非官方單位提供者——相當樂觀？是否大多數經濟消息均為有利的？而且已經連續超過半年了？	□是	□否
總計	是　個	否　個

檢核要點 2　貨幣政策（利率與匯率的走勢）		
1. 該國或該地區的央行（貨幣主管機關）是否開始執行「緊縮政策」？	□是	□否
2. 是否已有調高銀行貼現率、調高存款準備率、調高股票保證金率、及交易保證金比率等措施？（就是啟動升息循環）	□是	□否
3. 該國或該地區的財金官員，是否對於通貨膨脹或過熱的經濟的關注程度，比起對失業率與經濟成長率更為關切？	□是	□否
4. 該國或該地區的短期利率（如國庫券、商業本票等利率）是否正在上升？	□是	□否
總計	是　個	否　個

檢核要點 3　股票價值		
1. 該國或該地區股市的平均本益比是多少？是否已達到或高於上次該國或該地區股市最高點時的本益比倍數？	□是	□否
總計	是　個	否　個

檢核要點 4　股市參與者		
1. 該國或該地區是否有愈來愈多的大公司或大股東想要申報持股轉讓？	□是	□否
2. 該國或該地區是否有愈來愈多的公司打算申請上市或上櫃？	□是	□否
3. 該國或該地區的零股交易、或短期放空者是否突然減少？？	□是	□否
4. 該國或該地區是否有愈來愈多的人願意申購股票型基金？各類基金所持有的現金部位是否有降低的趨勢？	□是	□否
5. 該國或該地區的資金是否持續呈現淨流入的趨勢？	□是	□否
6. 該國或該地區的街談巷議話題，是否都圍繞在股票？是否買賣股票幾乎已經成為全民運動？	□是	□否
總計	是　個	否　個

檢核要點 5 技術指標		
1. 該國或該地區的股市是否已經從上次低點連續上漲了好幾個月？上漲的幅度是否很可觀？	□是	□否
2. 該國或該地區的股市是否有呈現急漲急跌、大幅度波動的現象？	□是	□否
3. 該國或該地區的股市是否已經到了各大類股都飆漲，甚至已經到了「雞犬升天」的地步？	□是	□否
總計	是　個	否　個

檢核要點 6 個人因素		
1. 就個人投資該國或該地區的狀況，是否已經賺了不少？	□是	□否
2. 你的親友團是否勸告你加碼投資該國或該地區股市？或者普遍來說，他們已經對證券、基金投資充滿了高度的興趣？	□是	□否
3. 冷靜來看，是否覺得現在該國或該地區投資組合的市場風險，已經高於你原先認為應有的水準？	□是	□否
總計	是　個	否　個

如果上述問題的答案多數為「是」，那麼現在就是可以逐步賣出基金的好機會。

策略 3　進階

移動停利法＋移動停損法提高獲利率

Q 如果到達停利點後，基金又一直漲，會不會就錯過後面的獲利機會？有沒有什麼方法既可以獲取最大獲利，又不至於冒太高的投資風險，使得獲利回吐、白忙一場？

A 有的，這個疑問也是很多新手的心聲。當獲利了結之後，如果趨勢仍是向上的話，可以搭配移動停利法與移動停損法，讓獲利最大化，又可避免一旦行情反轉走向空頭時，未即時停損所蒙受的巨大損失。以下說明如何運用移動停利／停損法最大化提高投資獲利。

如何設立移動停利／停損點

所謂移動停利／停損的做法是：讓停損點隨著停利點移動，也就是說只要達到預先設立的停利點，一旦發現行情趨勢仍然向上，可以採取部分贖回或暫時不贖回，但是基金仍然不停扣，繼續享受基金淨值上漲的利得。但隨著基金上漲的趨勢，投資人需確實設立停利點。而為了避免行情反轉下跌所造成的損失，停損點也必須跟著停利點一起移動，以有效降低市場風險。這個策略的操作步驟如下：

☆ Step 1　**預先設立停利點、停損點**

首先，可以先設定好移動停利、停損點。設立的原則是，當到達原先所設定的停利點時，停損點就設為停利點的一半。例如，停利點設定為 30%，當獲利達 30% 時，停損點則設為 15%。若市場持續看好，或暫時沒有找到更好投資標的前，可選擇暫時不贖回或是部分贖回。

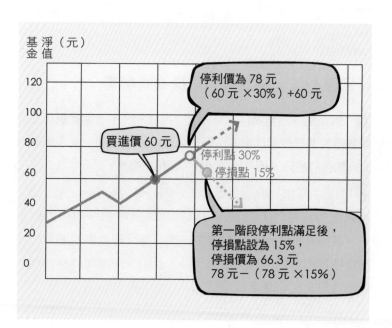

基金淨值（元）

停利價為 78 元
（60 元 ×30%）+60 元

買進價 60 元

停利點 30%
停損點 15%

第一階段停利點滿足後，
停損點設為 15%，
停損價為 66.3 元
78 元－（78 元 ×15%）

☆ Step2　獲利達到預設停利點，停損點再減一半

　　如果行情持續上漲，獲利達到所設立的第二階段停利點，例如 45% 時，則將停損點再減為一半；承上例，將停損點由 15% 減為 7.5%。依照這個方法，只要趨勢確立向上，可以獲得最大獲利，但是隨著淨值不斷走升而可能面臨的下跌風險，也因為同步調縮停損點而減少。但要提醒讀者的是，當淨值持續向上漲，你可以逐步往上調升停利價；但是一旦行情反轉向下，碰觸到了最新的停損點時，請記得一定要出場，這樣，才能保有相對高的獲利率。

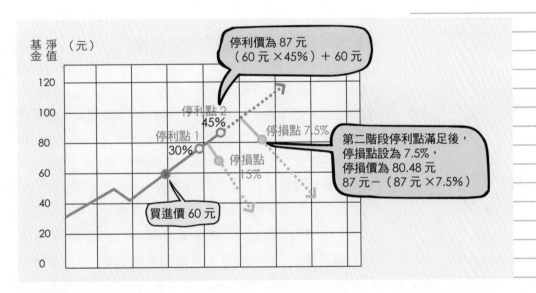

策略 ④ 高階 單筆＋定期定額

Ｑ 如果資金稍微寬裕些，是不是可以將單筆投資與定期定額搭配在一起使用？這又該如何運作？

Ａ 單筆投資與定期定額既然都「各有優點」，投資朋友如果能先建立起完整的投資組合，再妥善地搭配這兩種投資方式，將能使整體的基金投資效果倍增，就愈能夠儘早達到各

種財務目標。

至於要如何運作？最佳的運用方法就是先「定期定額」，之後再伺機「單筆投資」。主要原因是，透過金額較小的「定期定額」先試試市場水溫，再來決定是否單筆加碼投資。而這裡所謂的「伺機」，特別是當市場因為特殊、不常發生的原因，例如某些天災或人禍而大跌之際。當然，就算是市場大跌時，連專家都會因為怕「買在高點」而不見得敢大膽進場，更何況是一般投資人。因此，以下三大「分批」加碼的原則，可以提供給不敢輕易進場的投資朋友參考：

☆ 加碼原則 1　預先設定加碼跌幅

對於基金投資人來說，定期定額的主要目的，就是分散風險與降低波動度；而單筆投資的做法，就好比投資股票，買低賣高。如果你在一開始時，是經過審慎挑選標的物（就好比你挑選股票，會注意總體經濟指標的變化、個別產業的淡旺季一樣），那麼，從景氣循環的角度而言，在上漲階段，你可以採用單筆投資；而在下跌階段，可以用定期定額。特別是如果你的資金較為寬裕，還可以在下跌階段逐步加碼。例如，當投資人設定「距離初進場的淨值再下跌 30% 時要再加碼進場」（提醒讀者，這個 30% 的幅度，可以依照個別投資人不同的風險接受程度而設定；另外，還要搭配執行當初設定的停損點，以免投資朋友一直向下攤平，結果愈攤愈貧），那麼，當市場真的下跌 30% 時，就一定要堅守這個原則進場買進，不要畏懼遲疑。因為任何一個金融市場要下跌到 30%，多半代表該市場已經超跌，短線應該會有反彈的機會。因此，如果你是個有經驗的老手，可以透過加碼攤低成本、搶反彈。

☆ 加碼原則 2　採「正三角形」加碼法

如果你所投資的市場前景看好，你的資金也還算充裕，

而且理財目標也是屬於中長期的話，那麼可以採取所謂「正三角形」加碼法──也就是採取分批加碼的方式。比方說當淨值下跌 5% 時，資金加碼投入 10%；當淨值下跌 10% 時，資金加碼 20%；也就是「跌愈多、買愈多」，就好比是正三角形，上面少下面多的方式，如此一來才能達到「愈買愈便宜」的「逢低攤平」與「累積更多基金單位數」的目標。但請注意，採用正三角形加碼法時，必須搭配經濟指標做判讀，當指標確立可進場時再進場加碼，否則，最好還是執行停損，免得「愈攤愈貧」。

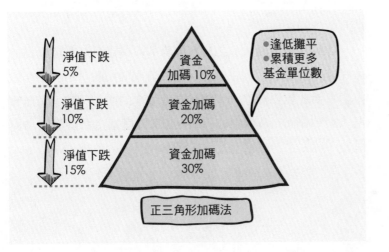

☆ 加碼原則 3　加碼金一定要準備充足，且不能借錢投資

　　如果市場大跌的原因並非景氣發展前景不佳，而是因為天災、人禍或某些特殊的經濟事件的原因下跌，那麼市場下跌時，反而是可以逢低加碼的時機。由於市場跌深時，行情不見得馬上會大幅反彈，如果這時投資人有充足的自有資金，就能適時加碼，安穩度過行情盤整的階段，市場一旦反轉向上時，才能迎來更高的獲利。

　　這種做法，可以適用在波動度較高的新興市場或邊境市

場。因為新興市場通常每年預期的經濟成長率較高，因此也容易吸引國際間熱錢頻繁地進出，就會造成市場出現短線大幅度波動的情況。波動度較高的市場，透過定期定額操作可達到攤平成本的效益，另外，像巴西、印度等新興市場，其主要經濟成長動能大多來自於出口原物料，因此也很容易受到景氣循環的影響。當歐美等主要的工業大國，一旦其景氣循環走向疲弱不振，而減少向這些新興國家進口原物料時，這些新興國家的經濟成長率也會很陡峭地下降。這時，如果是已經以定期定額投資此市場的投資人，可以參酌景氣復甦的程度，利用移動停利／停損法，贖回部分的資金，可以預期有較高的獲利率。

　　透過基金這種大家都耳熟能詳的投資工具，來協助自己做好資產配置，可以較為輕鬆完成各個階段的財務目標。如果讀者朋友想要更進一步瞭解其他基金的操作策略，可以參考「3 天搞懂」系列中的專書《3 天搞懂基金買賣最新增訂版》。

心動也要行動！

今天是　　　年　　月　　日

我想投資的項目是　　　　　　　　　　，代號是

想買的原因是：

今天是　　　年　　月　　日

我想投資的項目是　　　　　　　　　　，代號是

想買的原因是：

用 ETF 賺遍全世界，資產配置新選擇！

你曾經在成千上萬支基金標的中，迷失了方向？曾經在茫茫股海當中進退失據？試試看 ETF，讓你可以省時、省力以及簡單獲利。

- ETF 投資更加多元，風險更加分散
- ETF 五大優勢，讓市場投資人青睞有加
- ETF「少少的錢」卻可以「大大地投資」
- 透過 ETF 的布局，參與全球股市輪動的榮景

ETF 投資更加多元，風險更加分散

Ｑ 常常聽到市場上推出新的 ETF 標的，這種工具也適合用來完成理財目標嗎？

Ａ 具有「被動式管理」特色的 ETF，不但各項費用比一般共同基金要來得便宜，而且其交易方式也與股票相同。另外，ETF 也不像基金只有單一淨值，ETF 的價格可在盤中隨時變動，且因為和所追蹤的標的指數（也有可能是原物料商品、外匯等資產類別）走勢相同，已經逐漸成為基金投資界新寵，直接投資 ETF 也成為市場新顯學。根據最新的統計資料顯示，臺灣 ETF 市場規模截至 2024 年 8 月底，已經超過 2.5 兆元，隨著臺灣 ETF 產品發展日趨多元化，不再只有追蹤指數一種，涵蓋範圍已經包括股票、商品、債券、外匯等資產類別；換句話說，ETF 不再只是一個產品或交易平台，透過 ETF 可以同步參與全世界多種資產的走勢，自然也是理想的資產配置工具之一。

Q **什麼是 ETF？**

A ETF 就 是「 指 數 股 票 型 基 金 」（Exchange-Traded Fund，以下簡稱 ETF）。ETF 其實是由「指數型基金」（Index Funds）衍生而來。學者 Markowitz 在 1952 年曾提出多元化投資概念，打算在傳統的基金操作模式當中，另外發展出一套協助投資人穩健獲利的投資模式，因而發展出指數化投資，初期產品就是「指數型基金」。

這一類基金的資產配置，主要是按照打算追蹤或複製指數的各成分股比重，安排同樣的資產配置，形成該基金的投資組合，以獲取和所選擇標的指數同步的表現。隨後因傳統的基金商品在交易成本及制度方面的某些缺點（例如可能表現落後大盤，或者是手續費過高，侵蝕了報酬率等），資產管理公司就開始構思改變交易或選股的邏輯或方式，最後創造出這種同時兼具股票、封閉型基金與開放型基金特色之商品，即「指數股票型基金」，這類基金跟「指數型基金」一樣是以某一個特定指數為追蹤標的，並複製出相同資產配置模式的投資組合，但是售予一般投資人的持分憑證，卻採取如同股票的交易方式，在證券交易所上市買賣，所以又被稱為「指數股票」（Index Shares）。根據臺灣證券交易所的說明，「ETF 即為將指數予以證券化，由於指數係衡量市場漲跌趨勢之指標，因此所謂指數證券化，係指投資人不以傳統方式直接進行一籃子股票之投資，而是透過持有表彰指數標的股票權益的受益憑證來間接投資；簡而言之，ETF 是一種在證券交易所買賣，提供投資人參與指數表現的基金，ETF 基金以持有與指數相同之股票為主，分割成眾多單價較低之投資單位，發行受益憑證」。

下圖是臺灣目前上市交易之 ETF 彙整圖：

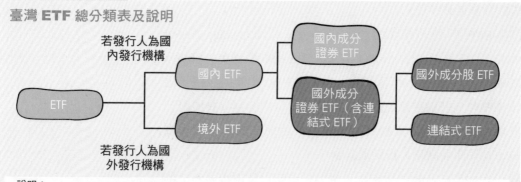

臺灣 ETF 總分類表及說明

說明：
① ETF：指數股票型基金，指國內投信公司在臺募集發行及上市交易之 ETF 國內成分證券 ETF：指該 ETF 之標的指數成分證券全部為國內證券
  國外成分證券 ETF：又可分為以下兩類：
  I. 國外成分股 ETF：指該 ETF 之標的指數成分證券含一種以上之國外證券
  II. 連結式 ETF：指國內投信公司將國外 ETF 再包裝後來臺上市交易之 ETF
② 境外 ETF：指境外基金機構委託國內總代理人，將國外 ETF 直接跨境來臺上市交易之 ETF

資料來源：臺灣證券交易所

ETF 五大優勢，讓市場投資人青睞有加

Ⓠ 為什麼要選擇投資 ETF ？ ETF 有什麼優勢值得市場投資人青睞有加？

Ⓐ 全球 ETF 的市場規模，在 2024 年 2 月時已經突破 12 兆美元，而且成長力道仍在增強中。近幾年來，臺灣 ETF 掛牌上架的規模也持續創新高，顯見臺灣投資人對於 ETF 的投資金額也是日漸增溫。為什麼會這樣呢？原因之一是，當你想要買個股時，就會有選股的問題，因此，你得要學習技術分析、基本分析等實務操作必備的要領，這對於忙碌的上班族而言，總是力有未逮；若是憑藉道聽塗說就進場買股票，不知不覺就會踩到像「必翔」這種地雷股。但如果你買的是股票型 ETF，就能避開地雷股；因為 ETF 買進的是一籃子股票，如果這籃子的股票中，有的公司經營績效變差，就會自動被踢出「群組」，所以，買進 ETF 比起買進單一個股踩到地雷、甚至於下市變成壁紙的風險要小了許多。另外，由於市場在歷經金融海嘯、歐債危機、新冠肺炎疫情之後，投資人屢屢

受到震撼教育，股票市場持續地劇烈震盪，讓許多的個股以及基金受傷慘重，反觀 ETF 的績效則相對較為穩健。而且和個別股票或指數型基金相比，ETF 具有以下特殊優勢：

☆ 優勢 1　交易風險較低

　　ETF 可於盤中交易時間內「即時買賣」，所以其流動性會比只能在收盤後，以「淨值」進行交易的開放型指數基金來得高，同時也能夠降低投資人暴露於日內價格波動之風險。一般來說，股票與封閉式基金是以次級市場之交易為主，而開放式基金則是於初級市場與基金公司直接依淨值申購及買回，而 ETF 是同時存在次級及初級市場，兼具股票和開放式指數基金特色之商品。ETF 與股票相似處在於可於交易所上市買賣，也可作為信用交易標的；另一方面，ETF 的申購買回程序類似開放式基金之申購贖回程序，只不過 ETF 通常不准許現金申購及買回，而是訂定大宗實物申購及買回之作業程序。

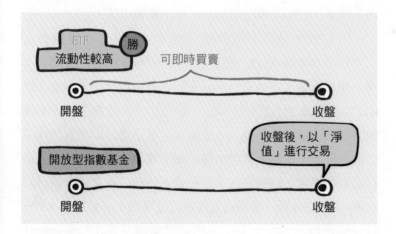

☆ 優勢 2　交易成本較低

　　ETF 在發行後就在交易所掛牌，並採取如同股票或封閉型基金的盤中交易方式。其交易與交割的方式都與普通股票一樣，而且，投資人也可用信用交易方式（所謂的「融資、

融券」）買賣，以及不受「平盤以下不得放空」的限制。更重要的是，ETF 的交易成本（如手續費率）遠低於開放型基金，而證券交易稅率（1‰）也低於一般股票（3‰）。

	ETF	股票
交易成本	手續費（0.1425%）＋交易稅（千分之一）	手續費（0.1425%）＋交易稅（千分之三）
融資融券	一掛牌即可融資（券），融券賣出且不受平盤以下不得放空之規定。	需上市（櫃）滿六個月方可以申請融資（券），且大多數個股平盤以下不得放空。
投資風險	與所追蹤指數走勢相同，一次交易即持有一籃子股票，可有效分散風險。	只有單一個股，風險承擔較高。

☆ 優勢 3　定價效率較佳

ETF 除了有本身的淨值之外，還同時擁有每日在交易所內，買賣成交的「市場價格」（以下簡稱市價）。

由於 ETF 是指數證券化之模式，所以它的實體資產就是組成標的指數的一籃子股票。而所謂 ETF 之「實物申購」便是投資人可以交付一籃子股票以交換「一定數量」之ETF；相對應之「實物贖回」，就是以「一定數量」之 ETF 換回一籃子股票。所謂「一定數量」就是進行申購買回程序之最小單位，稱為「實物申購／贖回基數」。ETF 發行人會訂定實物申購／贖回基數，並且會在每日公布實物申購買回清單，因此，申購、贖回只能按照這個基數或其整數倍進行，並且只能以實物股票形式，透過參與證券商（Participating Dealer，PD）進行。

這種 ETF 獨特之實物申購、贖回機制，可以降低折溢價之發生。當淨值與市價間有落差時，就會有所謂的「折價」或「溢價」的問題。但由於 ETF 同時具有「在次級市場以

『市價』交易」，或是「在初級市場以『淨值』交易」的特性，所以當ETF市價明顯偏離淨值時，上述所特有的機制，就有助於縮小ETF市價與淨值間的差距，也因此比較不會像傳統封閉型指數基金一樣，有大幅折、溢價的情況發生。

關於申購與贖回程序及ETF價格與淨值之關係如下圖所示：

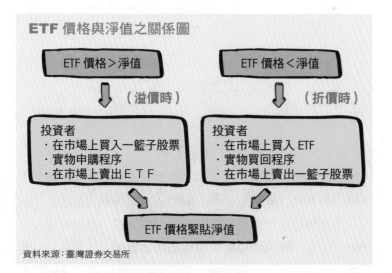

ETF 價格與淨值之關係圖

ETF 價格＞淨值　　　　ETF 價格＜淨值

（溢價時）　　　　（折價時）

投資者
・在市場上買入一籃子股票
・實物申購程序
・在市場上賣出ＥＴＦ

投資者
・在市場上買入 ETF
・實物買回程序
・在市場上賣出一籃子股票

ETF 價格緊貼淨值

資料來源：臺灣證券交易所

⭐ 優勢 4　管理費用較低

投資人經由購買ETF，便可以追蹤指數的表現，獲得與指數變動損益相當之報酬率；它與一般基金積極追求績效的目的不同，而是以模擬指數表現為目的，主要在於讓淨值能與指數維持連動的關係。因此，只會因為連動指數成分股內容及權重改變，而被動調整投資組合之內容或比重，以符合「被動式管理」之目的。ETF採「被動式管理」，相對於「主動式管理」的一般基金，具有較低管理費用的成本優勢。以臺灣市場上大型股票基金為例，平均年管理費率大約是1.3%；但ETF的費率卻較低，約介於0.3%至0.4%之間。

另外，ETF申購與贖回時採用「等類（in-kind）交換」，也就是「用現股（而非現金）來交換ETF受益憑證」，或是「將

ETF 受益憑證換成現股」。如此一來，也可降低其交易成本。這也是為什麼 ETF 通常收取較一般基金以及指數基金更低的管理費的原因。

ETF 與指數型基金的差異

金融商品	ETF	指數型基金
交易成本	經理費（0.3～0.4%）＋手續費（0.1425%）＋交易稅（0.1%）	經理費（1.5%）＋保管費（0.15%）＋銷售手續費（0.6%～1.5%）
管理方式	被動式管理	積極式管理
交易方式	與股票相同，價格在盤中隨時變動，可以直接交易	依據每日收完盤後，結算基金的淨值進行交易

☆ 優勢 5　較佳的指數交易工具

　　ETF 以信用交易（就是可以借錢買股票，稱為融資，也可以借股票先行賣出──稱為融券）時之保證金比率，相較於其他指數衍生性商品如期貨或選擇權為高，故風險較小；同時，ETF 不像其他指數衍生性商品那樣需要逐日結算且有到期日（這是期貨、選擇權的遊戲規則），在操作上較為穩當。當成分股發放股利時，ETF 投資人也可間接收到孳息之分配。所以許多機構投資人，如保險公司、共同基金或退休基金，為免承受過高的市場風險，通常不被允許交易指數期貨或選擇權，此時 ETF 便是最佳的指數交易工具的替代選擇。ETF 與股票的差異比較如下表：

ETF 與股票的比較

金融商品	ETF	股票
交易成本	手續費（0.1425%）＋交易稅（0.1%）	手續費（0.1425%）＋交易稅（0.3%）
融資融券	一掛牌即可融資（券），融券賣出且不受平盤以下不得放空之規定。	需上市（櫃）滿 6 個月方可以申請融資（券），且平盤以下不得放空。
投資風險	與所追蹤指數走勢相同，一次交易即持有一籃子股票，可有效分散風險。	只有單一個股，風險承擔較高。

由上面介紹的這幾個優勢及特點可知，ETF 因操作簡單、投資組合的透明度高，且所代表的投資標的為一籃子股票，可有效分散投資、降低風險，對於忙碌的現代人來講，可省去選股程序（總體經濟分析、產業分析、個別公司財務營運狀況分析等）所要耗費的時間精力，是相當適合一般家庭執行長期財富管理計畫時使用的金融工具。

ETF「少少的錢」卻可以「大大地投資」

Q 小資男女以及上班族，也可以把 ETF 當成是資產配置的一環，協助自己完成各項財務目標嗎？

A ETF 的確是資產配置中很靈活的一項投資工具。從金融海嘯以來，金融市場時不時就會出現難以預測的黑天鵝干擾盤勢，這麼一來，讓原本寄望可以從資本市場加減賺一點生活費的小資男女們，經常希望落空！面對著許多物價都調漲，但是自己的薪資卻始終紋風不動，甚至進入「凍薪時代」的此際，有沒有什麼「少少的錢」卻可以「大大投資」，進而產生令人心滿意足的布局呢？

股神巴菲特曾經說過：「買進一支股票之後，就期待它明天早上就上漲，是十分愚蠢的一件事！」因為巴菲特認為，參與股市是投資、而非投機；特別是一般的上班族投資人，沒有辦法天天盯盤，所以最好的投資策略是要選對一檔好標的，讓你能夠「安心」地持有它，「放心」地等著它慢慢長大，「開心」地等著它回報給你不錯的報酬率。而去哪裡找尋這樣的標的呢？ETF，就是具有這樣特色的標的。

我們知道，指數是用來衡量市場漲跌趨勢的重要指標，因此，所謂將指數證券化，就是讓投資人不需要以傳統的方式直接買進一家或許多家公司的股票，而是透過持有表彰指數標的股票權益的受益憑證，間接投資股市。因此，只要你

長期看好某一種產業、某一個市場，你就可以藉由持有 ETF 來追蹤指數的表現，獲得與指數變動損益相當之報酬率。

Q 長期投資股票還可以參與公司的分紅配股，那麼，持有 ETF 也有類似的好處嗎？

A 每年 7 月起開始的第三季，台股就進入了密集的除權息階段；有很多投資人會熱衷參與投資所謂高股息殖利率概念股。但是如果持有股票，會擔心貼權（息）的問題，不僅賺不到錢，還會讓資金套住，影響了後續的理財規劃。因此，有些投資朋友會選擇除權（息）之後，再找時機來投資股票。這當然也是一種投資策略，但是，連外資都鍾情的台股高股息殖利率概念，就不值得散戶投資人期待了嗎？其實投資朋友並不需要這麼悲觀，因為接下來第四季的 10 月到 11 月，是 ETF（股票指數型基金）的配息季節，倒是值得投資朋友趁著大盤有回檔的時候，提早進場布局。

一般說來，ETF 的配息來源可以分成四部分。首先是 ETF 各指數成分股每年配發的現金股利。其次是資產管理公司將 ETF 成分股出借的收益。第三是資產管理公司，因為持續追蹤指數的成分股，在交易過程中所累積下來的買賣價差利潤（就是資本利得），也成為可以配給 ETF 持有者的來源之一。最後則是資產管理公司在管理基金現金部位的利息收入。

但是，大部分 ETF 最主要的配息來源仍然是第一項，也就是投資所得的現金股利，因為要獲得其他三項配息是有但書的。有些 ETF 在發行時標明，如果打算增發該檔 ETF 的出借收益、資本利得、利息收入等項目的話，ETF 每個受益權證單位的淨值必須高於原發行價格，而且，每個受益權證單位淨值，扣除掉當年度配發之收益後，仍不得低於原發行之價格。因此，ETF 所持有成分股當年度配發的現金股利，

ETF 之配息來源

```
┌─────────────┐      ┌─────────────┐
│     1.      │      │     2.      │
│ ETF 各 指 數 │      │ 資產管理公  │
│ 成 分 股 每 年│      │ 司將 ETF 成  │
│ 配 發 的 現 金│      │ 分股出借的  │
│ 股利        │      │   收益      │
└─────────────┘      └─────────────┘

   ┌─────────────────┐   ┌─────────────┐
   │       3.        │   │     4.      │
   │ 資產管理公司，因為│   │ 資產管理公司 │
   │ 持續追蹤指數的成分│   │ 在管理基金現 │
   │ 股，在交易過程中所│   │ 金部位的利息 │
   │ 累積下來的買賣價差│   │   收入      │
   │     利潤        │   └─────────────┘
   └─────────────────┘
```

就是 ETF 最主要的配息來源。

　　而臺灣目前市場上的 ETF 多半都有配息機制，因此，小額投資人可以透過 ETF，特別是股息型的 ETF，來參與台股中市值大、年度營收績優、獲利穩定且配息率高的公司之現金股利分配。取得的現金股利，就可以挹注每一階段財務目標所需要的資金了。

　　但是要提醒投資朋友的是，投資 ETF 並不一定保證能夠獲利。不過，因為國內主要的 ETF 都是以各產業類別中大型權值股為主要的成分股，而這些大型的權值股通常比較能夠隨漲抗跌，也就是即便類股輪動快速，也比較不會錯過輪漲行情。再加上臺灣股市中的大型權值股每年會配發不錯的現金股利，投資朋友可藉由持有 ETF 來參與此一配息優勢。因為 ETF 有這些特色，可以讓經驗值較少的小資男女、社會新鮮人，避免因為挑錯股票而有重大的虧損出現，相對上風險也較低。

透過 ETF 布局，參與全球股市輪動的榮景

Q 在臺灣也可以透過 ETF 的方式，做好全球的資產配置嗎？

A 臺灣的投資朋友也可以透過複委託，或者直接跟外國券商開戶的方式，買賣海外的金融商品。但不管是間接投資的複委託，或者是以網路平臺直接投資，都會牽涉到選股的問題。試想，買台股時，都未必能夠深入追蹤瞭解所投資公司的營業狀況，現在把戰線拉到海外，是不是勝算更少了些？所以，想要將資金布局海外，也可以透過 ETF，當作買賣海外金融商品的起手式。

現在，如果你對美國、歐洲、日本、韓國甚至於印度的股市有興趣的話，在臺灣證券交易所就可用數萬元買進追蹤當地指數的 ETF。例如國泰美國道瓊（代號 00668）、元大歐洲 50（代號 00660）、富邦日本（代號 00645）、元大韓國（代號 00667）、 富邦印度正 2（代號 00653L）等。雖然透過 ETF 投資各國股市相對簡單，但還是要提醒投資朋友，挑選 ETF 時，要盡量選擇自己熟悉的市場以及各國具代表性的指數去操作，勝算才會高。下表是截至 2024 年 7 月在臺灣證券交易所可以交易買賣的 ETF；除了大家所熟知的追蹤股票指數之外，也有貨幣型、波動率及債券型等不同商品種類的 ETF 上市，可以選擇的標的已經更加多元化了。

目前在臺灣掛牌交易的 ETF（截至 2024 年 / 7 月）

股票代號及名稱			
0050	元大台灣 50	00643K	群益深証中小 +R（人民幣）
0051	元大中型 100	00645	富邦日本
0052	富邦科技	00646	元大 S&P500
0053	元大電子	00647L	元大 S&P500 正 2
0055	元大 MSCI 金融	00648R	元大 S&P500 反 1
0056	元大高股息	00650L	復華香港正 2（原簡稱 :FH 香港正 2）
0057	富邦摩台	00651R	復華香港反 1（原簡稱 :FH 香港反 1）
0061	元大寶滬深	00652	富邦印度
006203	元大 MSCI 台灣	00653L	富邦印度正 2
006204	永豐臺灣加權	00654R	富邦印度反 1
006205	富邦上証（新臺幣）	00655L	國泰中國 A50 正 2
006206	元大上證 50	00656R	國泰中國 A50 反 1
006207	復華滬深（原簡稱 :FH 滬深）	00657	國泰日經 225（新臺幣）
006208	富邦台 50	00657K	國泰日經 225+U（美元）
00625K	富邦上証 +R（人民幣）	00660	元大歐洲 50
00631L	元大台灣 50 正 2	00661	元大日經 225
00632R	元大台灣 50 反 1	00662	富邦 NASDAQ
00633L	富邦上証正 2	00663L	國泰臺灣加權正 2
00634R	富邦上証反 1	00664R	國泰臺灣加權反 1
00635U	期元大 S&P 黃金	00665L	富邦恒生國企正 2
00636	國泰中國 A50（新臺幣）	00666R	富邦恒生國企反 1
00636K	國泰中國 A50+U（美元）	00668	國泰美國道瓊（新臺幣）
00637L	元大滬深 300 正 2	00668K	國泰美國道瓊 +U（美元）
00638R	元大滬深 300 反 1	00669R	國泰美國道瓊反 1
00639	富邦深 100	00670L	富邦 NASDAQ 正 2
00640L	富邦日本正 2	00671R	富邦 NASDAQ 反 1
00641R	富邦日本反 1	00673R	期元大 S&P 原油反 1
00642U	期元大 S&P 石油	00674R	期元大 S&P 黃金反 1
00643	群益深証中小（新臺幣）	00675L	富邦臺灣加權正 2

資料來源：臺灣證券交易所

目前在臺灣掛牌交易的 ETF（截至 2024 年 / 7 月）

股票代號及名稱			
00676R	富邦臺灣加權反 1	00714	群益道瓊美國地產
00678	群益那斯達克生技 （原簡稱：群益 NBI 生技）	00715L	期街口布蘭特正 2
		00717	富邦美國特別股
00680L	元大美債 20 正 2	00728	第一金工業 30
00681R	元大美債 20 反 1	00730	富邦臺灣優質高息
00682U	期元大美元指數	00731	復華富時高息低波 （原簡稱：FH 富時高息低波）
00683L	期元大美元指正 2		
00684R	期元大美元指反 1	00733	富邦臺灣中小
00685L	群益臺灣加權正 2	00735	國泰臺韓科技
00686R	群益臺灣加權反 1	00736	國泰新興市場
00688L	國泰 20 年美債正 2	00737	國泰 AI+Robo
00689R	國泰 20 年美債反 1	00738U	期元大道瓊白銀
00690	兆豐臺灣藍籌 30	00739	元大 MSCI A 股
00692	富邦公司治理	00752	中信中國 50
00693U	期街口 S&P 黃豆	00753L	中信中國 50 正 2
00700	富邦恒生國企	00757	統一 FANG+
00701	國泰股利精選 30	00762	元大全球 AI
00702	國泰標普低波高息	00763U	期街口道瓊銅
00703	台新 MSCI 中國	00770	國泰北美科技
00706L	期元大 S&P 日圓正 2	00771	元大 US 高息特別股
00707R	期元大 S&P 日圓反 1	00775B	新光投等債 15+
00708L	期元大 S&P 黃金正 2	00783	富邦中証 500
00709	富邦歐洲	00830	國泰費城半導體
00710B	復華彭博非投等債 （原簡稱：FH 彭博非投等債）	00850	元大臺灣 ESG 永續
		00851	台新全球 AI
00711B	復華彭博新興債 （原簡稱：FH 彭博新興債）	00852L	國泰美國道瓊正 2
		00861	元大全球未來通訊
00712	復華富時不動產 （原簡稱：FH 富時不動產）	00865B	國泰 US 短期公債
00713	元大台灣高息低波	00875	國泰網路資安

資料來源：臺灣證券交易所

目前在臺灣掛牌交易的 ETF（截至 2024 年 / 7 月）

股票代號及名稱			
00876	元大全球 5G	00917	中信特選金融
00878	國泰永續高股息	00918	大華優利高填息 30
00881	國泰台灣 5G+	00919	群益台灣精選高息
00882	中信中國高股息	00920	富邦 ESG 綠色電力
00885	富邦越南	00921	兆豐龍頭等權重
00891	中信關鍵半導體	00922	國泰台灣領袖 50
00892	富邦台灣半導體	00923	群益台 ESG 低碳 50（原簡稱：群益台灣 ESG 低碳）
00893	國泰智能電動車		
00894	中信小資高價 30	00924	復華 S&P500 成長
00895	富邦未來車	00925	新光標普電動車
00896	中信綠能及電動車	00926	凱基全球菁英 55
00897	富邦基因免疫生技	00927	群益半導體收益
00898	國泰基因免疫革命	00929	復華台灣科技優息
00899	FT 潔淨能源	00930	永豐 ESG 低碳高息
00900	富邦特選高股息 30	00932	兆豐永續高息等權
00901	永豐智能車供應鏈	00934	中信成長高股息
00902	中信電池及儲能	00935	野村臺灣新科技 50
00903	富邦元宇宙	00936	台新永續高息中小
00904	新光臺灣半導體 30	00939	統一台灣高息動能
00905	FT 臺灣 Smart	00940	元大台灣價值高息
00907	永豐優息存股	00941	中信上游半導體
00908	富邦入息 REITs+	00943	兆豐電子高息等權
00909	國泰數位支付服務	00944	野村趨勢動能高息
00910	第一金太空衛星	00945B	凱基美國非投等債
00911	兆豐洲際半導體	00946	群益科技高息成長
00912	中信臺灣智慧 50	00947	台新臺灣 IC 設計
00913	兆豐台灣晶圓製造	00949	復華日本龍頭
00915	凱基優選高股息 30	0050	00660 元大歐洲 50
00916	國泰全球品牌 50		

資料來源：臺灣證券交易所

攻守兼備，外幣資產這樣配

網際網路的普及，除了拉近人與人之間的距離，資金也可以透過網路，瞬間靠攏利基點！要賺錢，布局強勢貨幣就對了！

- ·資金無國界，熱錢追著報酬跑
- ·匯率是外幣投資的最大風險，各國貨幣特性不一樣
- ·美元區與非美元區，投資記得要避險配套
- ·這些管道讓你站穩外幣投資市場

資金無國界，熱錢追著報酬跑

Q **資產配置的工具，已經不限於國內的金融商品了。如果投資新手想要布局海外金融市場，應該要如何規劃呢？**

A 在資金無國界的時代，放眼全球，的確可以讓自己的資產配置更加多元，效果也可能會更好！因為在國際的金融市場，可投資的標的變多、投資視野變大。但要注意的是，在

認識外幣

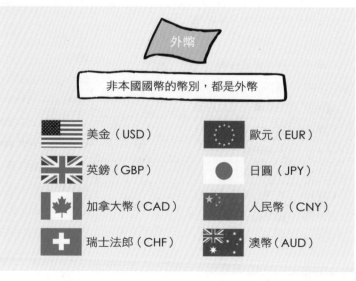

外幣

非本國國幣的幣別，都是外幣

美金（USD）		歐元（EUR）	
英鎊（GBP）		日圓（JPY）	
加拿大幣（CAD）		人民幣（CNY）	
瑞士法郎（CHF）		澳幣（AUD）	

瞬息萬變的國際金融市場，首先要避免因匯率變動導致手中的資產大幅縮水，若能看對趨勢，除了利差、價差之外，還能賺取外幣匯差，替自己多賺另一桶金。

如果投資人已經持有外幣的現金，或者打算投資基金或固定收益商品時，該如何規劃做好資產配置呢？一般說來，「三二一配置」是多數投資人採用的方式；通常會先將其中的 70％拿來投資，至於這 70％的資金要如何配置呢？穩健型的投資人會把其中的一半，規劃為保守的理財方式，例如外幣存款；另一半則是選擇較為積極的投資項目，來創造更高的報酬率，例如投資在海外基金、期貨或者是雙元貨幣等等。投資朋友可以視自己可承擔的投資風險來配置投資比重。

匯率是外幣投資的最大風險，各國貨幣特性不一樣

Q 那麼選擇以外幣計價的金融商品時，應考量的因素有哪些呢？

A 國際匯率的波動會影響國際貿易，進而牽動股債市的表現，即使你只投資台股，也需要透過瞭解匯率波動，掌握進退場時機。而以外幣計價的金融商品雖然能讓你的投資如虎添翼，加快財富累積速度，但其中最重要的變數，就是匯率，而要如何解讀其間的趨勢變化，就是你投資組合報酬率高低的關鍵了。一般說來，需要考量的因素有以下這幾點：

❶ 首先，還是照我們之前所提到的，投資朋友得要先瞭解自己的投資屬性以及可以承受的風險範圍；關於這點，可以回到前面第一次就上手的專欄，試著透過投資風險屬性評量表格，先瞭解自己的風險屬性。

❷ 再者，投資朋友要瞭解所要投資的環境目前是處於多頭、

還是空頭走勢？多頭有多頭的操作方式，空頭有空頭的操作方式。投資朋友如果連大環境的氛圍都不清楚，更遑論想靠投資致富了。

❸ 國人想投資以外幣計價的投資工具，主要還是股票跟基金；如何挑選這兩大類投資工具，其基本的原理、原則，跟挑選台股或者是國內基金沒有太大的差別，重點在於如何挑選強勢貨幣，因為匯差有可能吃掉這些投資工具的利差跟價差。例如 2014 年俄羅斯的匯率危機爆發後，盧布重貶；到了 2015 年第三季末，盧布對美元的匯率就較 2014 年年初貶值超過 50%！試問，不管是投資股票或者基金，在相同時間內，要獲利達到 50%，是容易的事嗎？如果挑錯幣別，就算有再好的選股、選基金的技巧，只怕也抵不過「兵敗如山倒」的匯率變化吧！

❹ 所以，關鍵點是要投資哪一種幣別？各種幣別的風險不一，甚至有些幣別之間還具有高度的連動性。除此之外，一國的利率、物價指數以及經濟發展的變化，都會影響該國匯率的變動，投資朋友最好要清楚影響該貨幣的主要波動因素有哪些，才能夠知所進退。而這一部分，需要具備有基本解讀總體經濟的能力。（建議讀者參看《3 天搞懂財經資訊》一書。）

Ⓠ **各貨幣各有特色，那麼我們經常會接觸到的主要貨幣可有哪些特殊之處呢？**

Ⓐ 全球有很多種貨幣，但是我們經常接觸到的，不會超過十種。一般在外幣市場若以粗略的二分法來分的話，可以區分成美元區塊和非美元區塊。然而，貨幣走向經常是漲跌互見，沒有絕對的長多或長空，因為這跟國與國之間的政經環

境有關。我們可以簡單介紹一下在外幣投資領域中，經常接
觸到的幾種貨幣的特色：

❶ 美金：對於臺幣來說，美金的匯差最小、使用率最高，波
　動也最小。畢竟美國為全球的龍頭經濟體，其貨幣政策動
　見觀瞻，新臺幣自然也會跟著美元起伏波動。舉過去波動
　較大的例子，像是 2017 年上半年臺幣強勢升值，主要是
　因為臺灣的央行擔心被川普政府列入匯率操縱國，因此在
　干預匯市的作為上消極許多；再加上臺灣當時無所匹敵的
　高殖利率題材，吸引外資源源不絕地匯入熱錢，導致匯率
　看到 29 字頭。然而在美國開始升息循環、實施緊縮性的
　貨幣政策之後，美元就難保還會繼續相對弱勢了。下圖顯
　示，過去十年，臺幣對美元的匯率界於 28.5 ～ 35.2 區間。

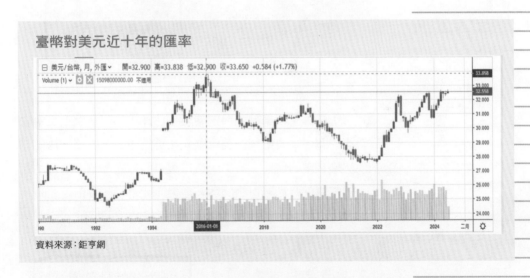

臺幣對美元近十年的匯率

資料來源：鉅亨網

美金　特色　➡　對臺幣而言：
●匯差最小　●使用率最高　●波動最小

❷ **歐元和英鎊**：雖然飽受歐債危機以及英國脫歐的困擾，使得歐元蒙上陰影，但不可否認地是，歐元在國際貨幣上的地位不墜，僅次於美元。不過它的匯差和波動程度要比美元高。此外，同為歐洲地區的英鎊，最近因為脫歐談判，波動程度比歐元更高。預期這兩種貨幣，在未來數年主要會受到歐洲區域各國之間政治跟經濟變化的影響。如果想要投資以這兩種幣別計價的金融商品，匯率波動將是主要的考量重點。

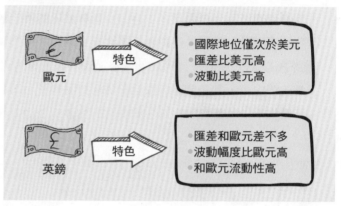

❸ **瑞士法郎**：同屬歐洲地區的瑞士法郎，卻因為瑞士是中立國的關係，波動情況要比歐元和英鎊小。尤其瑞士法郎有避險貨幣的俗稱，當美元或是國際股市走強時，瑞士法郎的幣值就會走弱；相反地，當美元或是國際股市走弱時，瑞士法郎反而走強。充分顯現出避險貨幣的特質。

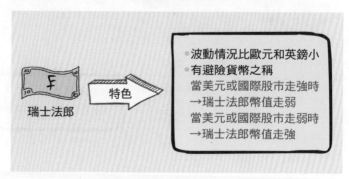

❹ 日圓：由於日本持續維持低利率的環境，因此這幾年來，日圓經常和國際股市呈現反方向走勢。當股市表現好，就會有大量的日圓被借出（因為利率低，資金成本也較低），隨後投入股市，或直接存在利率相對較高的幣別；當國際股市走強或有其他國家升息（例如 2014 年 3 月，紐西蘭開始啟動升息循環），日圓反而會下跌。相反地，當國際股市走弱、無利可圖時，就比較不會有人想借日圓再投資，甚至於會歸還之前從日本銀行借出的日圓，此時的日圓就會上漲。這種借低息貨幣去操作高息貨幣（股市）的投資方式，又被稱作「套利交易」（carry trade）。

日圓　特色
- 因日本長期低利，故日圓常和國際股市呈現相反走勢
- 常被用作借低息日圓，去操作高息貨幣（股市）套利交易

❺ 人民幣：國際貨幣基金會（IMF）在 2016 年 10 月 1 日宣布納入人民幣為特別提款權（SDR）貨幣籃子之後，人民幣正式成為國際通用的貨幣之一。國際化之後的人民幣走勢，自然會與中國的經濟走勢亦步亦趨。近期在美國，因為川普的「美國優先」策略而缺席國際之間合縱連橫的經濟、貿易合作組織之後，反倒讓積極躍上國際舞台的中國有可乘之機。未來，當中國的經濟成長率較強時，人民幣也會重啟升勢的。

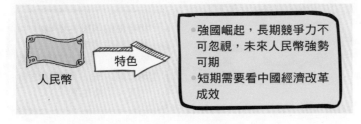

人民幣　特色
- 強國崛起，長期競爭力不可忽視，未來人民幣強勢可期
- 短期需要看中國經濟改革成效

❻ 加幣、澳幣和紐幣：加拿大、澳洲和紐西蘭，這三國天然
資源豐富，因此被視為原物料貨幣的代表，又被稱為「商
品貨幣」。看好原物料市場的投資人，都相當關注這三國
貨幣的走勢。這三國貨幣的走勢通常會與美元走勢成反
向。尤其以往澳幣和紐幣的定存年利率較高，不只是國際
熱錢會追逐，連一般散戶也會選此當作投資標的。但如果
以這三國的匯率波動度來說，紐幣最大，澳幣次之，加幣
最小。投資朋友要特別注意，以免因為匯率波動過大，結
果以為賺到利息，卻賠掉匯差。

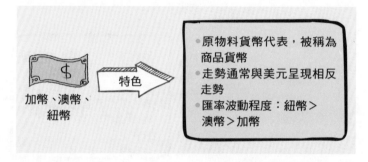

加幣、澳幣、
紐幣　特色
- 原物料貨幣代表，被稱為商品貨幣
- 走勢通常與美元呈現相反走勢
- 匯率波動程度：紐幣 >
  澳幣 > 加幣

❼ 南非幣：在金融海嘯之後，有很長一段時間金價受到全球
矚目的同時，南非幣也成為新興的投資標的！因為南非盛
產黃金，因此，南非幣和金價有著高度相關的連動性！南
非幣和加幣、澳幣和紐幣一樣，同屬高利息貨幣，但它的
匯率波動度比起紐、澳、加幣更甚，即使是放在外幣存款，
投資人也必須經常留意其波動性！在臺灣，有很多銀行會
推出以南非幣為計價貨幣的金融商品（例如雙元貨幣），
投資朋友也是要特別注意南非幣的走勢，避免賺到利差，
而讓匯差給吃掉了。

南非幣　特色
- 和金價的連動性高
- 屬高利息貨幣
- 南非幣的匯率波動度遠高
  於比紐、澳、加幣，波動
  性高，風險也高

美元區與非美元區，投資記得要避險配套

Q 關注各主要外幣的走勢，有沒有哪些基本邏輯可資參考？

A 先前提到，外匯市場有分美元區和非美元區；不過，不管是國內還是境外，大部分的外匯商品都是以美元計價，因此，投資朋友不僅要注意美元的動態，也要關注非美元幣別的變化，作為調節避險的工具。在美元跟非美元貨幣之間的消長變化，有些基本的邏輯可以參考。例如當原物料、大宗物資等商品價格持續飆漲時，有高度連動關係的澳幣、紐幣是值得關注的焦點；尤其澳幣還有能源題材作為支撐，不但以往該國的利率通常較高，可以享有高利息，另外也因為經濟成長率較高，容易吸引外資流入該國的資本市場，因此還有機會賺到升值的匯兌收益。

至於中國方面，習李制下的自由經濟方向明確，加上打算把人民幣推上國際舞臺的意圖強烈，因此，人民幣長線的走勢不被看淡。不過，因為人民幣的漲跌和中國擔憂的通貨膨脹率有緊密的關係，因此關注人民幣的趨勢之外，還必須注意官方的態度。至於南非幣，雖然有黃金題材，但是因為一直以來政局相對不穩定，成為匯價波動的重大變素之一，投資朋友務必小心注意。

Q 保守型的投資人和穩健型的投資人，要如何布局？

A 在瞭解各種幣別的特性之後，投資朋友可以根據這些特性進行資產配置，也可以參考歷史匯率，以推估匯價的高低點，避免在高點時買入，住進高檔套房。外幣投資最大的風險在於匯兌，因此進出點就顯得相對重要！

一般來說，外幣存款和外幣基金是風險較低的投資方式，不過，由於每一種外幣的歷史波動大小不一，因此投資朋友在選擇投資外幣的時候，如果希望穩定一點，只想賺利息，可以選擇波動幅度較小的外幣。保守型的理財者，可以

將外幣定存作為資產配置的主要配備；但為了避免匯率的波動風險吃掉利息，像是紐、澳、南非幣此類高利息貨幣，就不適合占有太高的比例！至於外幣基金的部分，保守型的投資人可以選擇債券型基金，以求保本。

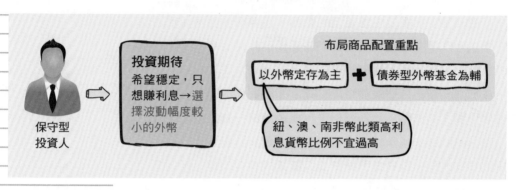

至於期望可以領到利息，另外還想賺到匯差的穩健型投資人，就可以選擇波動幅度比較大的外幣，然後再配合外幣基金同時進行操作。此時，紐、澳、南非幣等高利息貨幣，投資比例就可以提高；而外幣基金的部分，股票型或新興市場型基金，投資風險和績效波動也比較大，也有機會獲得較大的利益。尤其是你看對匯率趨勢，可以同時賺到匯差收益和利息，加總起來，報酬率也不會輸給其他積極型的投資工具。

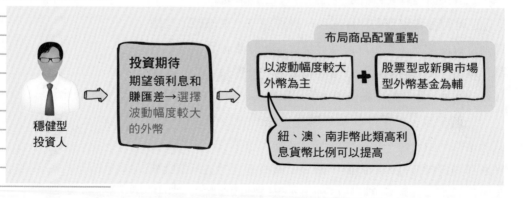

至於槓桿操作倍數較大的期貨、選擇權、雙元貨幣、保證金交易等等，雖然風險較高，相對地投資收益也有機會較大，因此也比較受積極型的投資人青睞。不過為了保險起見，最好還是搭配外幣存款或是外幣基金一起操作，以降低風險。

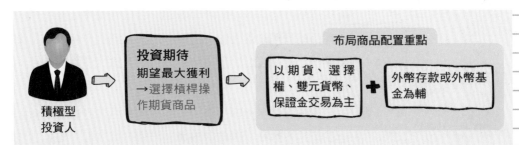

這些管道讓你站穩外幣投資市場

Ⓠ 投資以外幣計價相關商品的管道和資訊有哪些？

Ⓐ 在國際化趨勢下，資產配置自然不能少掉以外幣計價的金融商品。但是因為國際間的金融商品推陳出新的速度很快，國內金融機構為了手續費收入，也積極地引進各式各樣的金融商品。面對琳瑯滿目的金融商品，要怎麼安排自己辛苦積攢下來的財富呢？建議投資朋友可以積極地上網先投資自己、瞭解這些商品的基本架構，再參照金融機構提供的商品型錄，還有金融銷售人員的解說，衡量自己的資金以及搭配現階段的財務目標之後，做出穩健的選擇。至於更詳細的外幣投資工具的介紹，可以參考筆者的另一本著作《3 天搞懂外幣投資》。以下介紹幾個有用的網路資源，建議讀者朋友可以經常連結瀏覽，讓你在滑手機的同時，也可以滑出契機，幫助自己及早財富自由！

❶ 瀏覽各家銀行的官網，例如臺灣銀行。臺灣銀行是目前國內可以交易買賣最多種幣別的銀行，利用臺灣銀行的網路資源，不只可查詢外幣對臺幣的即時報價，也可以查詢過去的歷史匯率。

❷ 瀏覽各家財經新聞網站，例如鉅亨網外匯中心（如圖三）。財經網站不僅有即時的新聞資訊、各國的總體經濟指標，也有各種匯率的走勢變化，只不過各家網站內容多寡與深淺不一，投資人可以選擇適合自己的方式，多做參考。

❸ 各大券商與投信投顧公司。各家券商及投信投顧公司會提出不同的外幣投資訊息與管道，投資人可以從「境外基金觀測站」（如圖四）的官網 http://www.fundclear.com.tw/ 查詢相關資料。投資朋友在詳細瞭解之後，再針對自己的投資屬性來做理財規劃，會比較妥當。

圖二：臺灣銀行牌告匯率

🖵 牌價最新掛牌時間：2024/07/11 10:29

幣別	現金匯率		即期匯率		遠期匯率	歷史匯率
	本行買入	本行賣出	本行買入	本行賣出		
美金 (USD)	32.165	32.835	32.515	32.615	查詢	查詢
港幣 (HKD)	4.013	4.217	4.139	4.199	查詢	查詢
英鎊 (GBP)	40.69	42.81	41.7	42.1	查詢	查詢
澳幣 (AUD)	21.62	22.4	21.91	22.11	查詢	查詢
加拿大幣 (CAD)	23.42	24.33	23.82	24.02	查詢	查詢
新加坡幣 (SGD)	23.59	24.5	24.08	24.26	查詢	查詢
瑞士法郎 (CHF)	35.42	36.62	36.1	36.35	查詢	查詢
日圓 (JPY)	0.1923	0.2051	0.1996	0.2036	查詢	查詢
南非幣 (ZAR)	-	-	1.757	1.837	查詢	查詢
瑞典幣 (SEK)	2.71	3.23	3.05	3.15	查詢	查詢
紐元 (NZD)	19.37	20.22	19.75	19.95	查詢	查詢
泰幣 (THB)	0.7705	0.9605	0.8839	0.9239	查詢	查詢
菲國比索 (PHP)	0.4927	0.6247	-	-	查詢	查詢
印尼幣 (IDR)	0.00168	0.00238	-	-	查詢	查詢
歐元 (EUR)	34.48	35.82	35.1	35.5	查詢	查詢
韓元 (KRW)	0.02188	0.02578	-	-	查詢	查詢
越南盾 (VND)	0.00106	0.00147	-	-	查詢	查詢
馬來幣 (MYR)	5.925	7.45	-	-	查詢	查詢
人民幣 (CNY)	4.372	4.534	4.444	4.494	查詢	查詢

資料來源：臺灣銀行

圖三：鉅亨網的外匯報價

	主要匯率路透即時	全球匯率路透即時	現/期貨收盤					國際公債市場	

亞洲主要匯率最新行情　　　　　　　　　　　　　　　　2024-07-11

時間	幣別	買進	賣出	成交	漲跌	漲%	開盤價	最高價	最低價	昨收價
10:30	美元/台幣	32.553	32.564	32.555	-0.031	-0.095%	32.55	32.605	32.542	32.586
10:30	美元/人民幣	7.2703	7.271	7.2703	-0.0058	-0.08%	7.2746	7.2749	7.2698	7.2761
10:30	美元/港幣	7.8094	7.8099	7.8094	-0.0015	-0.019%	7.8106	7.811	7.8089	7.8109
10:30	美元/韓元	1378.98	1379.16	1378.98	-4	-0.289%	1382.99	1383.21	1376.77	1382.94
10:30	美元/新加坡幣	1.3474	1.3479	1.3474	-0.0015	-0.111%	1.3488	1.349	1.347	1.3489
10:30	美元/泰銖	36.22	36.24	36.22	-0.12	-0.33%	36.32	36.34	36.18	36.34
10:29	美元/馬來西亞令吉	4.685	4.691	4.685	-0.013	-0.277%	4.69	4.69	4.681	4.698

資料來源：鉅亨網

圖四：境外基金觀測站

資料來源：境外基金觀測站

匯率對實質面與金融面的影響

臺幣現在是升值還是貶值,不是只有出國換匯時才需要注意的!只要你的資產配置中有基金或者是股票,你都得加以瞭解!因為臺幣升值、貶值會讓進、出口廠商有匯兌損益,所以會影響股價。此外,你也得當心在贖回基金時,匯差吃掉你的利差!

現在大多數的國家,多半都以進出口貿易為主要經濟成長來源,因此,匯率的變動會對經濟體產生相當大的影響,進而影響股票價格。考量匯率對總體經濟的影響,可從實質面及金融面討論,進而推論其會如何影響股市。

① 匯率對實質面的影響:

進出口貿易對 GDP 的貢獻,主要來自於經常帳的收入。經常帳主要是紀錄一國進、出口(包括商品及勞務)活動所產生之資金流出和流入的狀況。經常帳為正,稱為「貿易順差」,可使外匯存底增加;經常帳為負,則為「貿易逆差」,會使外匯存底減少。一般而言,當本國貨幣相對於外國貨幣貶(升)值時,將有利於出口(進口)廠商,而不利進口(出口)廠商。

以新臺幣兌美元貶值為例,我國外銷美國的商品價格(以美元計價)將相對便宜,在與其他國家的產品競爭時,便處於有利的情況,使得外銷產品的銷售量增加。此外,新臺幣貶值也會使我們的外匯收入產生龐大的匯兌收益。而這也是如電子及紡織業等外銷產業的股價,常因新臺幣貶值而出現上漲的原因。

但是另一方面, 新臺幣貶值將提高進口廠商的採購成本,造成進口物價的上升,而不利於進口商。因此,當新臺幣大幅貶值時,進口廠商的股價通常表現不佳。

② **匯率對金融面的影響：**

當新台幣貶值時，許多投資於臺灣股市、匯市的外資，擔心未來新臺幣如果持續貶值，會使得目前在臺灣的投資資產價值縮水。因此，在預期新臺幣匯率將貶值時，外資往往會將資金陸續匯出，造成我國股市的資金動能減少，使得股市下跌。這種預期心態，不僅出現在外資，國人在預期新臺幣貶值時，也會因避險心理而出現資金外逃的現象。這時候，會發現國人大舉介入外幣存款或將資金匯出，如此，同樣會使我國股市嚴重失血。相反的，臺幣升值，代表資金湧進國內股市，則臺股會上漲。觀察以下圖形，可以得知從2019年底到2022年初，觀察臺灣股市的走勢，投資人應該可以感受到臺幣升值、臺股上漲之間的關連變化。

圖一：臺幣升值，台股站上二萬點

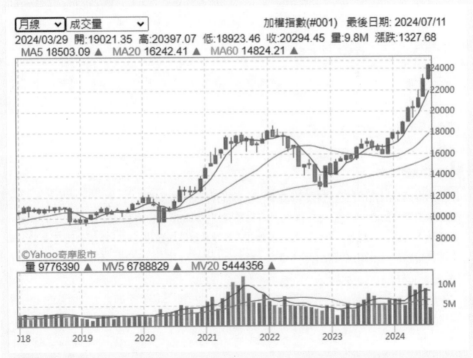

資料來源：Yahoo

因此，總括來說，如果一個國家或經濟體的經濟成長率很高，那麼勢必會吸引外資進來投資；而在外資持續看好該國的經濟成長，持續匯入資金時，將使得該國的貨幣升值。而在資金動能相形充裕之下，該國的股市上漲局面自是可以期待的。最近的實例，就是 2019 年上半年，外資著眼於臺股的高殖利率題材，持續匯入買股；一直到 2022 年臺幣強勢升值超過 10%，臺股也連續數月都是上漲的。

圖二

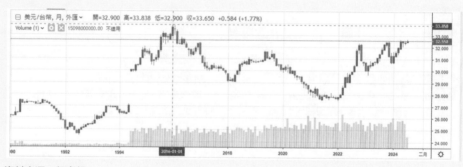

資料來源：鉅亨網

💙 重點小整理：

1. 匯率的變動會對經濟體產生相當大的影響，進而影響股票價格。
2. 經常帳主要是記錄一國進、出口（包括商品及勞務）活動所產生之資金流出和流入的狀況，數值為正稱為貿易順差，可使外匯存底增加；數值為負則為貿易逆差，會使外匯存底減少。
3. 本國貨幣相對於外國貨幣貶（升）值時，將有利於出口（進口）廠商，而不利進口（出口）廠商。
4. 在預期新臺幣貶值時，外資常會將資金陸續匯出，而造成我國股市的資金動能減少，使得股市下跌。

今天是　　　年　　月　　日

我想投資的項目是　　　　　　　　　　　　，代號是

想買的原因是：

今天是　　　年　　月　　日

我想投資的項目是　　　　　　　　　　　　，代號是

想買的原因是：

圖解筆記25

3天搞懂如何解鎖被動收入（原書名為：3天搞懂資產配置）
靈活規劃理財藍圖、善用投資工具，創造穩健的被動收入來源，提早財務自由！

作　　者：梁亦鴻
責任編輯：王彥萍
校　　對：梁亦鴻、王彥萍
視覺設計：廖健豪
寶鼎行銷顧問：劉邦寧

發 行 人：洪祺祥
副總經理：洪偉傑
副總編輯：王彥萍
法律顧問：建大法律事務所
財務顧問：高威會計師事務所
出　　版：日月文化出版股份有限公司
製　　作：寶鼎出版
地　　址：台北市信義路三段151號8樓
電　　話：(02)2708-5509｜傳真：(02)2708-6157
客服信箱：service@heliopolis.com.tw
網　　址：www.heliopolis.com.tw
郵撥帳號：19716071 日月文化出版股份有限公司

總 經 銷：聯合發行股份有限公司
電　　話：(02)2917-8022｜傳真：(02)2915-7212
印　　刷：軒承彩色印刷製版股份有限公司
初　　版：2017年8月
2 版 1 刷：2024年10月
定　　價：360元
I S B N：978-626-7516-32-4

國家圖書館出版品預行編目資料

3天搞懂如何解鎖被動收入：靈活規劃理財藍
圖、善用投資工具，創造穩健的被動收入來
源，提早財務自由！/ 梁亦鴻著.- -二版. --
臺北市：日月文化出版股份有限公司,2024.10
224面；17╳23公分. --（圖解筆記；25）
ISBN 978-626-7516-32-4（平裝）
1.CST：投資管理　2.CST：資產管理

563.5　　　　　　　　　　113011975

 日月文化集團
HELIOPOLIS
CULTURE GROUP

客服專線 02-2708-5509
客服傳真 02-2708-6157
客服信箱 service@heliopolis.com.tw

廣告回函
台灣北區郵政管理局登記證
北台字第 000370 號
免貼郵票

日月文化集團 讀者服務部 收

10658 台北市信義路三段151號8樓

對折黏貼後，即可直接郵寄

日月文化網址：**www.heliopolis.com.tw**

最新消息、活動，請參考 FB 粉絲團

大量訂購，另有折扣優惠，請洽客服中心（詳見本頁上方所示連絡方式）。

日月文化　　　EZ TALK　　　EZ Japan　　　EZ Korea

大好書屋・寶鼎出版・山岳文化・洪圖出版　　EZ叢書館　　EZ Korea　　EZ TALK　　EZ Japan

日月文化集團
HELIOPOLIS
CULTURE GROUP

感謝您購買 **3天搞懂如何解鎖被動收入**
靈活規劃理財藍圖、善用投資工具，創造穩健的被動收入來源，提早財務自由！

為提供完整服務與快速資訊，請詳細填寫以下資料，傳真至02-2708-6157或免貼郵票
寄回，我們將不定期提供您最新資訊及最新優惠。

1. 姓名：＿＿＿＿＿＿＿＿＿＿＿＿＿　性別：□男　　□女

2. 生日：＿＿＿＿年＿＿＿＿月＿＿＿＿日　職業：＿＿＿＿＿

3. 電話：（請務必填寫一種聯絡方式）

　（日）＿＿＿＿＿＿＿＿　（夜）＿＿＿＿＿＿＿＿　（手機）＿＿＿＿＿＿＿

4. 地址：□□□＿＿＿＿＿＿＿＿＿＿＿＿＿＿＿＿＿＿＿＿＿
　＿＿＿＿＿＿＿＿＿＿＿＿＿＿＿＿＿＿＿＿＿＿＿＿＿＿＿

5. 電子信箱：＿＿＿＿＿＿＿＿＿＿＿＿＿＿＿＿＿＿＿＿＿＿

6. 您從何處購買此書？□＿＿＿＿＿＿＿＿縣/市＿＿＿＿＿＿＿書店/量販超商
　□＿＿＿＿＿＿＿網路書店　□書展　□郵購　□其他

7. 您何時購買此書？　　年　　月　　日

8. 您購買此書的原因：（可複選）
　□對書的主題有興趣　□作者　□出版社　□工作所需　□生活所需
　□資訊豐富　　□價格合理（若不合理，您覺得合理價格應為＿＿＿＿＿）
　□封面/版面編排　□其他＿＿＿＿＿＿＿＿＿＿＿＿＿＿＿＿＿＿

9. 您從何處得知這本書的消息：□書店　□網路／電子報　□量販超商　□報紙
　□雜誌　□廣播　□電視　□他人推薦　□其他

10. 您對本書的評價：（1.非常滿意 2.滿意 3.普通 4.不滿意 5.非常不滿意）
　書名＿＿＿＿　內容＿＿＿＿　封面設計＿＿＿＿　版面編排＿＿＿＿　文/譯筆＿＿＿＿

11. 您通常以何種方式購書？□書店　□網路　□傳真訂購　□郵政劃撥　□其他

12. 您最喜歡在何處買書？
　□＿＿＿＿＿＿＿縣/市＿＿＿＿＿＿＿書店/量販超商　　□網路書店

13. 您希望我們未來出版何種主題的書？＿＿＿＿＿＿＿＿＿＿＿＿＿＿

14. 您認為本書還須改進的地方？提供我們的建議？

＿＿＿＿＿＿＿＿＿＿＿＿＿＿＿＿＿＿＿＿＿＿＿＿＿＿＿＿＿＿
＿＿＿＿＿＿＿＿＿＿＿＿＿＿＿＿＿＿＿＿＿＿＿＿＿＿＿＿＿＿
＿＿＿＿＿＿＿＿＿＿＿＿＿＿＿＿＿＿＿＿＿＿＿＿＿＿＿＿＿＿
＿＿＿＿＿＿＿＿＿＿＿＿＿＿＿＿＿＿＿＿＿＿＿＿＿＿＿＿＿＿